AF305990

LXIII.

1570. — Février.

Injonction des consuls de Muret a un consul de Poucharramet.

Pierre Borrel, consul de ce lieu, doit établir le rôle des hommes de cette juridiction, capables de porter les armes et les tenir prêts pour la défense de la ville de Muret et du reste du pays de Comminges. Pareil ordre est adressé aux consuls de Lespérès, Sahuguède et La Bastide de Feuillant.

L'an 1570 et le 23° febvrier, en la ville de Muret, par m^{rs} m^e Pierre Reynès et Jehan Sancholle, consulz de lad. ville, a esté faict sçavoir aux consulz de Puy Ramet et déclaré parlant à la personne de Pierre Borrel, consul dud. lieu, le conseil ce jourd'huy tenu dans la maison commune dud. Muret, à ce que suyvant icelluy ilz facent rolle des hommes de leur consulat qui sont pour faire et porter armes, et de leur capacité, ensemble des espèces desd. armes comme sont arcabouzes et autres harnoys, et tous affaires délayssés, incontinent et sans délay, vacquent et entendent à ce diligemment, facent tenir leurs dits hommes armés prestz, pour incontinent se rendre avec leursd. armes, soubdain qu'ilz seront mandez, dans lad. ville de Muret pour la défence d'icelle et de tout le pays, compté de Comenge et adjacens, en l'obéyssance du roy, lesquels auront leur despence de bouche et service sur les manans et habitans de lad. ville durant le temps que demeureront dans icelle, sauf en obtenir remborcement sur tout led. pays et comté, et a esté baillé aud. Borrel, consul, autre acte de injonction tant aux consulz de Puy Ramet, Lespérès, Sauguède et La Bastide de Foellienx, de M^r le Juge ou son lieutenant, pour leur faire tenir, qui s'en est chargé, ensemble de cinq actes semblables à cesluy-cy pour les faire tenir ausd. consulatz.

En foy de quoy, je George Galabert, greffier des gens des Estats du pays et comté de Commenge, par maudement dud. s^r Busc, lieutenant, ay dépêché le présent. — A Muret, les an et jour susd.

Galabert, signé.

Arresté au conseilh que les villatges que seront refusans entendre à ce dessus, ne seront receuz ny auront l'entrée dans lad. ville en ce temps de guerre, quand la nécessité se présentera, et seront prins soldatz d'autres lieux circonvoisins que se sont présentés à mesme condition que dessus.

(Arch. de Muret. — Papiers de la communauté de Muret.)

La garde de Muret s'observait conformément à cette injonction encore en 1579. Au mois de juin de cette année Jacques-Mathieu d'Espagne, baron de Launaguet, Panassac, Scisses et autres lieux, commis au gouvernement de Muret par Pierre de Saint-Lary, baron de Bellegarde, attestait que Guillaume Bonnet avait servi à Muret au nom des habitants de Lacasse « pour la garde de lad. ville, durant le temps et espasse de quatre moys, commansés le premier jour du moys de novembre dernier passé 1578, jusques à ce que nous nous sommes retirés en nostre mayson et lieu de Seysses, pour d'icelle prendre le chemin du camp, pour le service de la maiesté du roy ». — (États de Muret, novembre 1579.)

LXIV.

1570. — Février.

Gens de guerre a Montpezat.

Les consuls de Montpezat, en la châtellenie de Samatan, remontrent aux États qu'ayant été obligés de s'adresser à Dampville pour lui exposer la situation misérable à laquelle les compagnies avaient réduit leur communauté, le maréchal ordonna à Lasségan de s'en éloigner par l'injonction suivante :

Lettre de Damville a Lasségan.

Sieur de Lasseguan, estant adverty que nonobstant le congé que je vous ay baillé vous estes encore avec la compagnie de mons^r de Merville, à Montpezat, où elle faict toutes les insolences qui se peuvent dire, je vous ay bien voullu escripre ceste lettre à ce que, incontinent icelle receue, vous ne faictes faulte d'en desloger et continuer vostre chemin, n'estant le moyen de trouver le service du roy de s'arrester si longuement en ung lieu.

Sur ce, je prie le Créateur, s^r..., qu'il vous donne en parfaicte santé sa saincte et digne grâce.

De Tholose, ce xviie febvrier 1570.

Vostre bien bon amy : De Montmorancy.

Au mareschal des logis de la compagnye de gens d'armes du s^r de Merville.

(Pièce originale, signature autographe. — États de l'Isle-en-Dodon, juillet 1570.)

* * *

Au reçu de cet ordre, Lasségan quitta Montpezat, « joinct aussi », font observer les consuls, « qu'il ne treuvoit vivres davantage ». C'est que cette juridiction avait été plusieurs fois rançonnée par les troupes avant le passage de Lasségan, et elle le fut encore après son départ « par aultres trouppes de cavallerye des seigneurs de Fontenilhes, viscomte de Larboust, et toute l'infanterie du régime du s^r de Montsérier ». Aussi « la plus grand partye desd. habitans ont esté constrainctz abandonner leurs maisons, les pouvres laboureurs quicter leur labourage pour n'avoir pain à manger, foing ny paille pour nourrir leur bestailh, constrainctz avec leur famille aller mandier, qu'est calamité pyteuse, comme la nothorietté en porte le tesmoignage... » — (*Ibid.*)

LXV.

1570. — Février-Juillet.

Documents relatifs a la surveillance de la Garonne. — Rupture des ponts, bateaux, etc. [1].

1. — Commission du sénéchal de Toulouse au juge de Comminges.

Guy de Castelnau et de Clermont... séneschal de Tholose et Albigeoys, au juge de Comenge ou son lieutenant, salut.

Comme par l'ordonnance et commandement de mon seigneur de Dampville, mareschal de France, gouverneur et lieutenant commandant généralement ès pays et provinces de Languedoc, Guyenne, Provence et Daulphiné, à nous faict ou à nostre lieutenant, nous ayt esté ordonné que pour empescher les bruslemens, voleries, pilleries, sacagemens, ravissemens, forcemens et violemens de femmes et filles, murdres et aultres indicibles et plus que barbares cruaultés que sont journellement commises par les ennemys de Dieu, du roy et de tout l'estat de la crestienté, et lesquelz ilz exercent à leur acostumée par l'entreprinse et passage qu'ilz désirent faire en la Gascogne, faire lever tous fidelles et catholicques crestiens et bons subiectz du roy et à ce cop prendre les armes et se jetter sur les passaiges de la rivière de Garonne pour

---

[1] Cf. *Huguenots en Comminges*, p. 57 et suiv. — *Ibid.*, p. 76.

démolir et gaster lesd. passaiges, les trancher et de toute force
résister à ce que lesd. ennemys ne puyssent passer, enfoncer
bateaulx, rompre pons et en somme ouster et gaster toutes choses
desquelles lesd. ennemys se pourroient ayder aud. passaige, à
ceste cause et suyvant lad. ordonnance, vous mandons, commandons et très expressement enjoignons que tous affaires cessans et
postposés, vous ayez à faire assembler à son de orde et tocasen
tout le peuple de vostre judicature avec toute espèce d'armes
qu'ils porront porter, et iceulx faictes conduire par chascun des
consulatz sur les endroictz de la rivière de Garonne, durant le
distroict de vostre judicature, ausquelz il y a pontz, portz, passaiges et y porrait avoir guaiz, et pour à iceulx passaiges faire
toute résistance, empeschements à ce que lesd. ennemys ne passent
lad. rivière, en mettant à fons les bateaulx, rompant et desmolis-
sant les pontz, gastant et faisant tranchées aux gaiz, et mettre
tout empeschement possible qu'ilz ne puissent passer, le tout
soubz la conduite, commandement et ordonnance du seigneur de
Montberauld, chevallier, lieutenant de la compaignie de cinquante
hommes d'armes du seigneur de Bellegarde, commandant à chascun
des consulatz de faire prendre pour chascune desd. compaignies,
vivres pour se norrir, et de ce faire vous avons depputés, avons
donné plein pouvoir, commission et mandement, et néanmoings
faire la susd. assemblée à son de tocasen et par tous aultres
moyens que verrés estre à faire.

Mandons et commandons à tous justiciers, officiers et subiectz
du roy que à vous, ce faisant, obéissent, donnent confort, conseil,
ayde, et prison si mestier est et requis en sont.

Donné à Tholose, le 22e de février 1570.

De ROCHON, juge maige. — BOSQUET, ainsin signé.

(Arch. de Muret. — Correspondance des États.)

2. — COMMISSION DE DAMVILLE AU CAPITAINE VERGÈS.

*Henry de Montmorency, s^{gr} de Dampville, mareschal de France,
gouverneur et lieutenant-général pour le roy en Languedoc et commandant généralement pour le service de Sa Majesté, à provinces
de Guyenne, Provence et Daulphiné, au s^{gr} de Vergès, salut.*

Se présentans journellement plusieurs occasions de faire aller et venir gens pour le service du roy, en diligence, de ceste ville de Tholose, et de nostre part, vers le s^{gr} de Larboust[1] et aultres, commandans pour le service de sad. Maiesté en Rivière, Comenge et aultres endroictz sur la frontière de Béarn pour sçavoir et entendre les forces, dessaings et actions des ennemys qui se sont na guyères assemblés en grands forces soubs la charge du s^{gr} de Montamat, à quoy seroit besoing de pourveoir, attendu l'urgence du cas.

A ces causes... vous mandons et commandons de vous transporter ès lieux de Sainct-Lys, de Samathan, de Puymaurin, de Betbèze et de Sadornyn et en chacun d'iceulx constraindre les consulz et habitans et des chastellenies en deppendans, à tenir prestz et équipés tel nombre de chevaulx pour courir poste, que verrés estre requis à l'effect que dessus... Donné à Tholose, le xxiiiie de febvrier 1570.

De Montmorency.

Commission signifiée aux consuls de Puymaurin le 25 février 1570. — Copie collationnée par Saint-Laurens, notaire.

(États de Muret, mars 1570.)

3. — Injonction adressée aux consuls de Montbernard.

Messieurs de conseulz de Montbernard, veue la présente ne faictes faulte, en toute diligence, de fère assembler toutz ceulx qui sont pour porter armes et fère service au roy, avec telles armes qu'ils pourront recouvrer, pour iceulx conduire en la ville de Lisle en Dodon, pour aller au devant des ennemis sur la rivière de la Garonne, pour les empêcher, avec les armes, le passaige par eulx entreprins. Et pour ce fayre et le plus promptement assembler lesd. gens, ferés sonner le désordre et tocquesin, et ce, à peine de estre rebelles et désobéyssans au roy, car ainsi nous a esté mandé par monsieur le mareschal de Dampville, et ferés advertir les consuls de Berrat, Lilhac, Figuas, Montdilhan et Saint-Ferriol, et baylherés descharge au présent porteur, et si ne veulent aller, les coustraindrés suivant lad. commission laquelle vous envoye.

[1] Cfr *Hug. en Bigorre*, p. 129.

Faict à l'Isle-en-Dodon ce xxive febvrier 1570, à neuf heures de matin.

De RIVIS, lieutenant.

(États de Muret, 21 mai 1570.)

4. — COMMISSION DU PARLEMENT DE TOULOUSE AU CAPITAINE BARDACHIN.

Les gens tenans la Cour de Parlement séant pour le Roy nostre sire
à Tholose, au sieur de Bardachin, salut.

Nous vous mandons, commettons et enjoignons par ces présentes vous transporter incontinent en toutes les villes, villatges et lieux ou besoing sera le long de la rivière de Garonne esquelles y a pontz, portz et passaiges et donner ordre à toute diligence de faire retirer les bateaux, barques, gabarrotz, raches et radeaux estantz sur lad. rivière que vous adviserez estre nécessaire et expédient, ou bien iceulx faire enfoncer pour empescher que les rebelles et séditieux qui sont en assemblée au comté de Foix ne ayent moyen passer lad. rivière pour se aller joindre avec les aultres rebelles ennemys du roy estans de leur parti et faction, et à mesmes fins faire rompre telle partie desd. pontz que besoing sera, ou en iceux faire mectre force et garde souffizante aux despens desd. villes et lieux et aultres, en la meilleure forme et moyen que vous le saurés et treuverés estre expédient et nécessaire pour le service du roy, bien et asseurance du pays et subietz du roy, et commander et enjoindre de la part dud. s^r et de lad. cour aux s^{rs} catholicques ayantz chasteaux et maysons fortes au long de lad. rivière les tenir en bonne et seure garde, et à ces fins qu'ilz y mettent telle garnison que sera besoing, sur peyne d'en estre responsables de leurs personnes et biens, et aux habitans des villes, villatges et aultres lieux, se assembler en armes quand besoing sera, pour courir sus ausd. ennemys, rebelles, séditieux, les tailler en piesses, sonner à ces fins le tocque sein, et fere tous les actes de résistence contre lesd. ennemys suyvant les ordonnances du roy, car de ce faire vous avons donné et donnons pouvoir, commission et mandement par ces présentes.

Mandons, commandons et enjoignons aux consulz, scindicz des villes et lieux, de deffrayer led. s^r de Bardachin des frays et despens de bouche, tant de luy que de sa compagnie, sans y faire

faulte. En oultre, à tous justiciers, officiers dud. s^r, et ausd.
consulz, seigneurs, propriétaires des portz, pontz, passaiges,
bateaulx, fermiers d'iceulx, merchantz des barques, bateaulx,
radeaulx, et tous aultres subiectz dud. s^r, que à vous en tout ce
dessus obéyssent, prestent et donnent ayde, conseil, confort et
main forte si besoing est et requis en sont, sur peyne de estre
tenus et déclairés pour crimineulx de lèze Majesté, rebelles et
désobéyssans, et comme tels, exemplairement punys.

Donné à Tholose, aud. Parlement, soubz le seing secret
d'icelluy, le xxive jour du moys de juillet, l'an 1570.

(Arch. de Muret. — Correspondance des États.)

LXVI.

1570. — Mai-Juillet.

L'ASSOCIATION DES HABITANTS DU COMMINGES ET
L'EXPÉDITION DE MONLUC EN BÉARN.

Pour l'éclaircissement de ces pièces je ne puis que renvoyer le lecteur
aux *Huguenots en Comminges*, pages 64-65 et suivantes. Je dois spé-
cifier cependant que le document ci-après coté numéro 4, *Lettre de
Fontenilhes à M. de Lamezan*, peut être utilement rapproché du document cité, page 70, dans le même recueil. A cette dernière place on lit
un proverbe rappelé au sindic de la noblesse commingeoise par Fontenilhes : *A l'arrouzin qui no bo sère, Dieü lou doune bast et aura
croustère.* Une autre copie porte cette variante : *A rossin que no vo
sère, le cal da bast et aura crostère.*

1. — Commission de B. de Monluc a son gendre Fontenilhes pour
commander en Bigorre, Nébousan, Comminges, etc.

*Blaise de Monluc... lieutenant général au gouvernement de Guienne,
au s^r de Fontanilhes...*

Comme le roy nous ayt mandé nous en aller pour son service
en la ville de Bourdeaulx et qu'il soyt besoing et requis pour son
service commettre quelque gentilhomme d'honneur pour commander au pays de Bigorre, Rivière Basse, Pardiac, Nébousan,
Rivière, Commenge, Astarac, Magnoac et autres estant en la
souveraineté du roy, affin que les ennemys de sa Majesté que sont
en iceulx ou ès environs [ne s'en saisissent]; à ceste cause... nous

vous avons commis et commettons par ces présentes, soubz le bon
plaisir du roy et jusques à ce qu'il y ayt autrement prouveu, pour
commander pour sad. Majesté à ses pays de Bigorre, Rivière Basse,
Pardiac, Nébousan, Rivière, Commenge, Astarac, Magnoac et
aultres de la souveraineté du roy et aux lieux plus néces-
siteux d'estre secourus, et telles aultres compagnies de gens de
pied estans soubz la charge du s᷐ de Paulhac, colonnel de l'infanterie de Guienne que verrés estre nécessaire, pour la norriture
desquels baillhons pour aydes toutz les sud. lieux et païs, et pour
ce faire adviser [*avertir*] et considérer led. païs, vous permettons assembler les Estatz d'iceulx pour arrester avec eulx tout ce
que cognoistrés estre affaire pour le service de sad. Maiesté, et
oultre vous permettons et ordonnons casser toutes les compagnies
que sont aud. païs qui ne sont de la charge dud. Paulhac, colonnel,
réservant toutesfois icelles que verrés estre à réserver pour la
garde d'iceulx, et pour ce que nous avons baillhé charge au s᷐ de
Gondrin, aussi chevalier dud. ordre et cappitaine de 50 hommes
d'armes, de commander aud. païs de Marsan, Tursan, Guabardan
et aultres estans de la souveraineté du roy, et qui pourroit estre
assiégé par les ennemys de sa Majesté en la ville de Mont-de-
Marsan, ou aultre, vous mandons et ordonnons le secourir de
toutz vous forces, et assembler tant de gens que vous pourrés pour
ce faire, affin que l'auctorité et force en demeure à sa Majesté, et
le pauvre peuple conservé, ce que nous avons aussi aud. s᷐ de
Gondrin ordonné faire en vostre endroict; mandons et commandons à toutz cappitaines, officiers du roy, mayres, juratz et autres
subjectz de sa Maiesté habitans esd. païs vous oubéir et entendre
comme feroient à nous si en personne y estions, à peyne de déso-
béissance.

Donné à Fontauer, ce 3ᵉ may 1570.

B. de MONLUC.

Et plus bas : Par mond. s᷐, LA CHIÈZE, *ainsin signés et scellées
de rouge.*

(Arch. de Muret. — Correspondance des États.)

2. — COMMISSION DU BARON DE FONTENILHES AUX SINDICS DE COMMINGES
POUR PROMOUVOIR L'ASSOCIATION DES CATHOLIQUES.

Philippe de la Roche, s᷐ et baron de Fontenilhes..., aux scindicz de l'Église, noblesse et consulz des chiefz des chastellenyes et chascung d'eulx du pays de Comenge.

Comme par mandement de Mr de Monluc nous aurions en ceste ville faictz convoquer par deux foys les scindicz desd. pays [1] pour effectuer, chascung en sa province, l'association entre eulx ordonnée et vous faire certains des hommes et armes aptes et cappables pour le service du roy à la part qu'ilz seroient commandez, touteffois par les raisons desd. scindicz nous avons cogneu si peu de debvoir que tend à dissimulation et longueur du temps, en sorte que le service de sad. Maiesté au besoing en [pourroit] estre préjudicié et pouvre peuble chargé, à quoy nous voulons obvier et pour promptement faire pourveoir, vous avons commis et depputez, commectons et depputons, tous aultres affaires délaissez, que incontinent, vues les présentes, chascung pour son regard, ayt à procéder à lad. association tant particulière que généralle des bons hommes et subiectz fidelles de sad. Maiesté estans aud. pays de Comenge, leur faisant faire le serment en tel cas requis, néantmoingz mectrez, ou ferez mectre par rolle tous lesd. hommes que trouverez cappables pour le service de sad. Maiesté à la part qu'ilz seront commandez, avec les armes qu'ilz auront, autres estant au pouvoir du reste des habitants dud. pays, affin que d'icelles au besoing en soient prises et baillées à ceulx qui n'en auront pour le service de sad. Maiesté, soy obligeant de les rendre, ou en deffault de ce, les faire payer sur tout le pays, nommant et ordonnant pour [admener] lesd. hommes ung gentilhomme dud. pays ou autres que par vous seront choisis pour d'iceulx prendre bestail, affin de faire les charrois nécessaires pour l'artilherie et autres monitions où besoing, et seront escriptes par rolle toutes les villes et villaiges dud. pays de Comenge, et icelluy rolle avec le nombrement des bledz, vivres et autres fruictz nous envoyerez par mesme moyen avec le reste de ce que dict est, par tout le jour 4e du moys de juin prochain, sur peyne d'estre dictz rebelles à sad. Majesté, comme telz punys, vous permettant surroger d'autres que cognoistrez estre suffizans pour l'exécution de ce dessus...

Faict à Mirande, le 28e may 1570.   FONTENILHES.

(Arch. de Muret. — Correspondance des États.)

[1] Bigorre, Rivière-Basse, Nébousan, Astarac, Magnoac, Comminges, Rivière.

3. — INJONCTION DE FONTENILHES AUX CONSULS DE SAMATAN, LOMBEZ ET L'ISLE-EN-DODON POUR LOGER SA COMPAGNIE.

Philippe de la Roche, seigneur et baron de Fontenilhes... commandant en absence de Mgr de Monluc... aux consulz des villes et cité de Samathan, Lombez et l'Isle-en-Dodon.

Comme par mandement de mond. s^r de Monluc, nous aurions procédé au département des compaignies tant de cheval que à pied estans soubz nostre charge à commander pour tenir garnison ez lieux ordonnez pour le service du roy et soulaigement de ces bons fidelles subiectz, et afin que les ennemis de sa Maiesté n'entreprennent rien sur son auctorité, pendant dix ou douze jours que nous aurions autre mandement et advertissement de mond. s^r de Monluc, lequel par mesme moyen nous auroict ordonné pour la garnison de nostre compaignie en vosd. villes et cité, par quoy nous vous mandons et enjoignons, sur peyne de désobéyssance, de recevoir en vosd. villes et cité nostred. compaignie et à icelle tant pour les hommes que chevaulx administrez logiz et vivres, lesquelz voulons et ordonnons estre cottisez et deppartiz sur vosd. villes et le reste de tout le pays et recepte de Comenge, sauf Bigorre et Pardiac qui portent leur blot à part... [Le juge de Comminges est désigné pour exécuter cette commission.]

Faict à Mirande, le 28e may 1570.

FONTENILHES.

[Et plus bas] : *Pour mond. s^r :* LASALE.

(Arch. de Muret. — Correspondance des États.)

4. — LETTRE DE FONTENILHES A M. DE LAMEZAN TOUCHANT L'ASSOCIATION DES GENTILSHOMMES EN COMMINGES.

Monsieur de Lamezan, je vous ay envoyé commission du vingt-huictiesme de may dernier pour le faict de l'association et aultres chefz en icelle contenus, et commandé m'en rendre certain au IIIIe de ce moys, touteffoys je suis esté adverty que vous n'en faictes grand' compte prenant excuse que le juge de Comenge a bailhé advis ne faire assemblée, mais que chesque chefz de chastellenye le fasse fère particulièrement, chose impossible de le fère bien selon mon intention qu'est telle que surtout il y aye des gentilshommes que y entendent.

A ceste cause ne ferés faulte, la présente reçue, de convocquer au lieu que adviserés les Estatz dudit pays, leur faisant entendre le faict de ladicte commission, et en toutz ses chefz procèderés sy bien que rien ny obmectiés et de tout me certiffiés et escrirés. En faisant fin de la présente me recommande à vous bonnes grâces, priant Dieu, Monsieur de Lamezan, en bonne sancté vous donner longue et heureuse vie.

De Adilhac, ce IIIe de juing [1570].

Vostre plus amy à vous obéyr: FONTENILLES.

A Mr Mr de Lamezan, scindic de la noblesse de Comenge.

(Lettre autographe. — Correspondance des États.)

5. — RÉPONSE DES CONSULS DE LA CHATELLENIE DE MURET
AUX DEMANDES DE M. DE FONTENILLES.

La commission que le s^r et baron de Fontanilhes, chevalier du roy, son lieutenant ez pays de Bigorre, Rivière-Basse, Nébozan, Astarac, Maignoac, Comenge, Rivière et autres lieux de la souveraineté du roy, en l'absence du s^r de Monluc... dressée aux scindicz de l'Église, noblesse et consulz des chiefs des chastellenyes, et chascung d'eux, porte mandement et injonction à chascune des villes et lieux dud. pays de Comenge fère association entre eulx, chacung pour son regard, pour soustenir l'honneur de Dieu, de la Majesté dud. s^r, tuytion et deffence de son pouvre peuple catholique, fère aussi rolle des armes et hommes aptes et cappables à les porter pour le service de sad. Majesté, pour se trouver à la part que seront commandez, lesquelz personnaiges aptes à la guerre, après avoir presté le serment en tel cas requis se tiendront prestz en armes.

Aussi sera faict rolle du bestail pour fère les charrois nécessaires pour l'artilherye et autres munitions, et sera pareillement faict dénombrement des bledz, vivres et autres fruictz, chacung pour son regard.

A esté respondeu par tous les consulz des villaiges de lad. chastellenye de Muret unanimement que pour le regard du dernier poinct, quant aux vivres et bestail, que ne s'en sçauroient trouver en lad. chastellenye pour ce que sont sur la fin de l'année, et à cause du camp de Monsr de Dempville et de l'infinité des compaignies des gendarmes tant de cheval que de pied qui ont passé, repassé et séjourné en lad. chastellenye, si n'est quelque bestail de labouraige qu'ilz employeront avec leurs personnes, ensemble ce peu qu'ilz ont, pour le service de Dieu et de la Majesté du roy, et feront quant au reste leur debvoir.

Faict à Muret, le x juing 1570.

(Arch. de Muret. — Correspondance des États.)

6. — PROTESTATION DE G. GALABERT CONTRE LES CONSULS DE MURET.

Le quatorziesme jour du moys de juing 1570, au dessoubz les aubans de la place publique de la ville de Muret, estably en personne M⁰ George Galabert, bachelier ez droicts et greffier des Estatz du pays et comté de Comenge, lequel dressant ses parolles à Mrs Reynès et Sencholle, consulz de lad. ville, qui leur auroit dict que suyvant la commission du s^r de Lamezan et le mandement à luy faict par la lettre dud. s^r, il auroit escript, entre autres, aux chiefz des chastellenyes de faire sçavoir, chacung pour son regard, à tous les gentilshommes se trouver en la ville de Lysle-en-Dodon le 20ᵉ du présent moys, de matin, pour faire association comme bons catholiques pour soustenir l'honneur de Dieu et coronne de France, faire dénombrement des armes et personnes aptes à les porter pour le service du roy, et faire aussy rolle des bledz et vivres, ensemble le bestail nécessaire pour la conduicte de l'artilherie, comme est porté par lad. commission dud. s^r de Lamezan, et ayant led. Galabert présenté ausd. s^{rs} de consulz de Muret les lettres de gentilshommes de leur chastellenye, a requis les leur vouloir faire tenir, qui ont respondu *n'estre de leur charge.*

A cause de quoy et veu leur reffuz, led. Galabert en a protesté pour sa descharge, requérant acte luy en estre expédiée par moy notaire soubz signé, ce qu'ay faict ez présences de syre Jean Jacob, marchant, M⁰ Pierre Terrery, dud. Muret habitant, et de moy Anthoine Terrery, not. royal dud. Muret...

A. TERRERY.

(États de Samatan, septembre 1570.)

7. — LETTRE DE FONTENILHES A M. DE LAMEZAN.

Monsieur de Lamezan. — Je vous envoie deux commissions, l'une de Mr de Monluc, l'aultre de moy. A celle de mon dict sieur pourrés faire empliffier, qu'est en blanc. Je vous prie faire toute extrême diligence, comme vous savés que le temps le requiert. Je m'en vois à Tholose pour faire marcher l'artillierie. Je vous prie aussy me mander les résolutions de ce que aurés faict suyvant ce que je vous ay proposé afin que suivant ce que m'en résoldrés je puisse provoir aux villes de froutières avecque les chiefs gentilshommes que aurés arrestés.

Espérant que y ferés toutte diligence, ne vous fairé plus longue, faisant fin après m'estre recommandé à vostre bonne grâce, priant Dieu, monsieur de Lamezan, que en saucté vous doint longue et huruze vie.

De Samathan, ce xvie de juing 1570.

Vostre milieur amy et vostre serviteur à vous hobéir.

FONTENILLES.

A Monsieur mon voesin, Mr de Lamezan, sendic pour la noblesse en Commenge.

(Lettre autographe. — Correspondance des Etats.)

8. — INJONCTION DE M. DE LAMEZAN AUX CONSULS DES CHEFS-LIEUX DES CHATELLENIES TOUCHANT LE DÉNOMBREMENT DES GENTILSHOMMES EN COMMINGES.

Nous Bernard de Lamezan, sindic de la noblesse du pays et compté de Comenge, et commissaire depputé par le s^r et baron de Fontauilhes... mandons au premier sergent royal, ou autre sur ce requis, fère exprez commandement à tous les consulz des chiefz des chastellenyes, chacung pour son regard, bailler et mectre par devers nous, dans troys jours, le rolle des gentilshommes qui sont en leur chastellenye, et ce à peyne d'estre dictz et déclairez rebelles et désobéyssans à la Majesté du roy et falteurs des séditieulx, ses ennemis.

Faict à l'assemblée de l'Ysle en Dodon, le xxe jour de juing 1570.

LAMEZAN.

Le même jour cet acte est signifié aux chefs des chatellenies du Comminges lesquels répondent « qu'ilz feront leur debvoir ».

(États de l'Isle-en-Dodon, juin 1570.)

9. — Dénombrement fourni par les consuls de l'Isle-en-Dodon et Muret.

Les consuls de la ville de l'Isle-en-Dodon, suyvant le commandement à eulx faict, ont baillé par rolle les gentilshommes quy sont en leur chastellenie, sçavoir :

MM. de Bochède, — de Lagarde, — de Auan, — de Montesquieu, — de Guytault, — de Bourepaux, — de Pégulhau, — de Salleneufve, — de Salerm, — de Castet-Gaillard, — de La Bastide, — de Juncet, — de Lamezan, — de Roquefort, — de Frontiuhan, — de Boulhac, — de La Burguère, — de Lunatz.

L'original signé par lesd. consulz a esté baillé au s^r de Lamezan le XXIe juing 1570.

(États de Samatan, septembre 1570.)

Aux États tenus à l'Isle-en-Dodon en juillet 1570, les consuls de Muret déclarent que pour le fait de l'association commandée par le baron de Fontenilles ils maintiennent la nomination du chef communiquée à M. de Lamezan le 20 juin précédent. L'Isle-en-Dodon a nommé le capitaine Bayault ; Aurignac, Saint-Martin, capitaine de lad. ville ; Saint-Julien, le capitaine Labat ; Salies, M. de Roquefort ; Castillon, le capitaine Signan ; Fronsac, le capitaine Barbazan. Pierre Bedane, consul de Samatan, a oublié d'apporter le brevet de la nomination faite en cette ville. Il est spécifié que les chefs susdits n'auront pas « estat » de capitaines et que leur charge ne durera qu'autant que la guerre.

(États de l'Isle-en-Dodon, 20 juin 1570, et Correspondance des États.)

9. — Délibération des États au sujet de la contribution du Commenge a l'expédition du Béarn.

« ..... Est à délibérer de depputer deux personnaiges pour aller accorder des vivres à Myrande, aux fins de avoir certaine asseurance du s^r de Monluc des lettres du XXVIIIe juing dernier pour la commutation des vivres en deniers et faire charger ung marchand faire la forniture pour laquelle est commandé se trouver à Nogaro ce 4e de ce moys de juillet : l'autre du XXIVe dud. moys de juing, escripte à Cassaigne et dressée au scindic de Comenge pour tirer la garnison de la compaiguie du s^r de Fontanilhes sur le pays, laquelle demeurera à Bassoues. Au reste de la poldre comme y est escript, le s^r de Fontanilhes a déclairé que le pays en seroit deschargé. Autre commission dressée aux consulz, manans et

habitans de Comenge et ses aydes, mettre sus et cottizer 1523 liv.
pour l'entretènement d'ung moys de mil pyonniers pour le service
du roy, et faire lever encores le nombre de 350 pyonniers des plus
fortz et robustes qui se pourront trouver, et iceulx faire conduire
en la ville de Marciac, dans le dernier jour dud. moys de juing, et
icelle somme de 1523 liv. mettre ez mains du commis des receptes
des tailhes dud. pays pour icelle fornir au trésorier de l'extraordinaire de la guerre. Autre commission du XXIIIIe dud. moys de
juing, dressée par led. s^r de Monluc ausd. consulz, manans et
habitans du pays et recepte de Comenge, avec ses aydes, pour
conduire en la ville de Marciac la quantité de 300 charges de bled
fromant ou farine, cent barriques de vin, 80 boeufz ou vaches et
six vingtz moutons, qu'est leur cotte part des vivres ordonnés
pour la norriture et entretènement du camp et armée qui se conduict en Béarn ».

*
* *

Le pays de Comminges résolut de déléguer MM. de Péguilhan,
de Lamezan, Cambornac et Cabalby vers Fontenilhes afin d'obtenir
« descharges de la poldre de la solde de mil pyonniers et descharge de
la norriture de la compaignie dud. s^r de Fontanilhes à Bassoues ». Il
fut aussi « enjoinct au chefs des chatellenies, chascun pour son regard,
faire venir les pyonniers en la ville de Samathan, pour d'illec partir et
marcher à la part où le s^r de Fontenilhes [sera,] dans sabmedy prochain,
devant le s^r de Lamezan qui les recevra et bailhera homme pour les
conduire. »

(États de l'Isle-en-Dodon, 3 juillet 1570.)

10. — CONTRIBUTION DE DIVERS VILLAGES DU COMMINGES
À L'EXPÉDITION DU BÉARN.

Receu des consulz des lieux de Frosins, Fontanilhes, Sahu-
gouède, La Bastide de Crabifoullet, Poucharamet, Lespérès et
Saint-Jehan de Poucharamet[1], par les mains de François Lavigne,
consul dud. Frozin, et Bernard Merle, consul. dud. Fontanilhes,
la somme de 3 l. 10 s., et ce, pour la paye de ung demy pionyer
en déduction de ung pionyer et demy que les susd. villages ont
esté cottizés à la chastellenye de Muret pour envoyer au s^r de

---

[1] Les communautés mentionnées en cette pièce, ainsi que le Bois-de-la-Pierre
cité dans la lettre suivante, faisaient partie de la châtellenie de Muret. Bérat
était compris en Languedoc.

Monluc, à son camp de Bearn, de laquelle les en quicte, moy Jehan Blez, du lieu de Frozin, soubz merqué, ensemble sire Jehan Senac, consul de Muret.

A Muret, le viiie juillet 1570.

SÉNAC, *consul, témoen.*

(États de Muret, décembre 1573.)

11. — LETTRE DES CONSULS DE BÉRAT A CEUX DU BOIS-DE-LA-PIERRE RELATIVEMENT A LEUR CONTRIBUTION.

Messieurs les consulz et scendicz du Boys de la Pierre.

Suyvant le mendement à nous envoyé par m^r le prévost général de Guyenne duquel vous envoyons une coppie, vous prions et requérons, incontinent vene la présente, ne faire faulte appourter ou envoyer en ce lieu de Bérat, 300 pains de 2 liardz pièce, une barricque vin, 3 moutons, 8 quintalz foyn et 6 punhères avoyne, pour le tout estre distribué à la nourriture des compaignies qui conduisent et mènent le canon au s^r de Monluc en Béarn, comme est contenu aud. mandement, nous recommandant à vos bonnes grâces.

De Bérat, ce sabmedy 15e juilhet [1570].

Par voz voisins et voz amys à vous obéyr :

LES CONSULZ DE BÉRAT.

Pierre AURINHAC, *consul;* FORLUP, *consul.*

(États de Samatan, 2 décembre 1572.)

12. — CONTRIBUTION DU LIEU DE SADOURNIN.

A vous Messieurs les gens des trois Estatz du pays et comté de Comenge.

Supplie humblement les conseulz de Sadourni que peult estre que deux ans sont passés, que l'artillerie est passée au lieu de Sadourny pour la mener au camp de Rabastens, là où feut faict commendement par ledict chapitaine[1] que ussent à bailler huict

---

[1] Le 21 juillet 1570, le commissaire des vivres J. Lamola étant à Trie avait adressé aux consuls l'injonction suivante : « Consulz de Sadornyn, ne faictes faulte, vene la présente, de faire venyr ce jour d'huy en tout, huict péres de bœufz des meilheurs de vostre village pour le service du roy et conduicte de l'artilherie jusques à Rabastenx, sur peyne d'estre déclarés [séditieux] et rebelles au roy et du retardement que en est, ensemble aussy envoyerés huict souldartz ». Adresse : « Aux consulz de Sadornyn ». — (États de Samatan, décembre 1570.)

pareilz de bœuf, ensemble huict soldatz tant à pié que à cheval, par lequel ont demeuré espace de quatre jours, et aussi fummes constrainctz de donner à manger à ceux qui menèrent ladicte artilarie, lesquelz se sont despandeus la somme de 125 liv. Vous plera d'ordonner le rembourcement nous soit faict ainsi que aulx aultres habitans de lad. comté et ferés bien, pour la mande qu'est ici attachée, et ferés bien et justice.

Pour les supplians : Jaques SENTOUX.

Taxé : 12 liv.

(États de Samatan, 3 décembre 1572.)

13. — CONTRIBUTION DE SAINT-GAUDENS, ENCAUSSE, ASPET, POINTIS-YNARD, &c.

Sçavaric d'Aure, baron de Larboust, chevalier de l'ordre du roy, commandant en ce pays en absence de Mgr le mareschal de Dempville et Mgr de Monluc.

Comme nous avons ordonné certain nombre de gens de guerre, soldatz à pied, estre mis en garnison tant en la ville de Sainct-Gaudens que autres villes et chasteaulx circonvoisins pour le service de sa Majesté, pour d'illec en hors garder les passaiges de la rivière de Garonne à ce que les ennemis du roy ne puyssent rien entreprendre contre son service, ruyne et oppression de son peuble, et de tant que pour l'entretènement de ses souldats estre requis et nécessaire une bonne quantité de bledz pour leur estre distribué pain de munition, à ces fins avons ordonné que en chacune ville et villaige de la viscomté de Nébozan, ensemble villes et villaiges non contribuables à lad. viscomté, sera levé la quantité bled et autres grains et vivres nécessaires aussy, comme est avoyne, foin, pour l'entretènement de la compaignie de Monsr de Gramond qui est en lad. ville, pour tenir garnison pour le service de sad. Majesté, sera levé la quantité de bled, foin et avoyne à chascune des villes et villaiges comprins au rolle à la présente attaché, signé de nous, aux fins que nul n'en puysse prétendre cause de ignorance, et à la charge toutesfois aux contribuables estre alloué et tenu en compte sur la cottisation que sur ce sera faicte, et aux non contribuables rembourcer, enjoignant aux consulz, mauans et habitans des villes et villaiges de lad.

viscomté, et aux autres de mêmes, au incontinent et sans délay, fère appourter chacuugs pour son regard les quantitez de bled, avoyne et foins, ensemble autres fruictz comprins aud. rolle, en lad. ville de Sainct-Gaudeux, affin que le service du roy n'en soit recullé...

Les commissaires seront Louis Albert, Arnauld Maribailh et Jean Bonnet. — Pièce datée de Saint-Gaudens, 28 juillet 1570. — *Signé :* LARBOUST, et par mandement : LASBATS.

*
* *

Extrait du département des vivres et munitions :

Encausse, Paissos et Raygades : bled, 15 cétiers ; avoyne, 10 c. ; moutons, 6 ; poulailhe, 15 paires.

Aspet : bled, 20 c. ; avoyne, 20 c. ; moutons, 12.

Sueys : bled, 6 c. ; avoyne, 6 c. ; moutons, 3 ; poulailhe, 12 paires.

Lhospitau : avoine, 6 c. ; moutons, 3 ; poulailhe, 6 paires.

Poinctis-Ynard : avoyne, 20 c. ; motons, 6 c. ; poulailhe, 20 paires.

Montispan : avoyne, 20 c. ; moutons, 6 ; poulailhe, 25 paires.

Cote : « Coppie de contraincte pour Saint-Gaudens, la ville et baronie d'Aspect et autres de la recepte de Comenge... »

(États de Muret, mai 1571.)

LXVII.

1570. — JUIN.

MÉFAITS DU CAPITAINE BOUSSAN A MONBERNARD.

Les consulz du lieu de Montbernard, juges ordinaires ez causes de police et criminelles par le roy nostre sire, à tous ceulx quy ces présentes cerront, salut.

Sçavoir faisons et attestous que à la réquisition de Pierre Salles, sindic des manans et habitans dud. lieu, il (*sic*) auroyt remonstré comme led. lieu est contribuable à la garnison de la compaignie de Mr de Fontanilhes [à l'Isle-en-Dodon]..... le vendredy neufviesme jour de juing dernier passé, an soubs escript, ce auroyt esté monsieur le cappinaine Boussan, frère dud. seigneur de Fontanilhes, qui avec sa compaignie de cinq à six cens hommes, en y

ayant troys cens ou envyron à cheval et le reste à pied, que se
seroict venu retirer et alouger aud. lieu, auquel y auroict demeuré
une nuict et deux jours, sans toutteffoys avoir esgard à lad.
contribution de lad. garnison et remonstrances à luy [faictes]
premièrement que de y venir, et aud. lieu faict plusieurs bate-
mentz de leurs hostes, pilhementz de biens, meubles, houstanciles,
acotrementz, rompementz de portes, coufres et caiches, de quoy
requièrent de tout ce dessus ouyr moyennant serment des acis-
tans, habitans des lieux circonvoisins que en sçavent la vérité,
pour après luy en estre depesché attestatoire.

Et nous aurions sur ce dessus ouys, moyennant serment, Peyrot
de Bernet, Arnauld d'Alier, consul et conseilh, Gaspard Casau-
gran du lieu de Figas, Domenges Carrère, Bernard de Bordes, du
lieu de Castera, Gaspard et Savaric d'Astugue, de Guitauld, Pierre
Savareux conseul du lieu de Barran, lesquelz après avoir ouy et
entendeu ce dessus, ont dict tous de ung commun accord, led.
s^r cappitaine Boussan estre arrivé led. jour, aud. lieu, et s'en estre
allé le sapmedy après, et estre de ce nombre de quatre à cinq cens
hommes, et la plus grande partie à cheval, et le commun bruict
et fame publique estoyt qu'il y avoyt huict vingtz ou plus de
chevalz et jumentz, et qu'ilz s'en auroyent pourté beaucoup de
meubles, houstancilhes de maisons, acoutrementz, baten et frapé
à plusieurs des hostes habitants dud. Montbernard, rompeu beaucoup de portes, coufres, etc.

A Montbernard, le xive jour du moys de juing 1570.

De mandement desd. s^{rs} consulz :

DE CAMPS, *notaire royal et ordinaire*[1].

(États de Muret, 19 novembre 1570.)

---

[1] Au mois d'août suivant. Nicolas de Comenge, s^r de Mancioux, enseigne de la
compagnie de Gramont, passe également à Montbernard. Il menait vingt-cinq
hommes d'armes et vingt archers qui restèrent en ce lieu du 18 au 20 août 1570.
« pendant et durant lequel temps les consulz dud. lieu nous ont pourveus de
longis et vivres nécessaires. » Signé, N. DE COMENGE. — *(Ibid.)*

LXVIII.

1570. — Septembre.

Lettre des États de Comminges a Jean de Monluc, évêque de Valence, relative aux frais causés en Comminges par l'entretien des troupes du roi, les garnisons et l'expédition du Béarn [1].

Monseigneur.

Ce jourd'huy en l'assemblée de mes seigneurs les gens des troys Estatz de ce pays et comté de Comenge faicte en la ville de Samatan pour trouver moyen et expédiant de faire rembourcer aux consulz et particuliers des villes et chastellenies de Samathan, Lisle-en-Dodon, villes de Lombès, Saint-Lézé, Saint-Gyrons et autres des despances et deniers fornis aux compagnies des seigneurs et capitaines de Fontanilhes, Montagut, Maucabana, et autres despences que led. pays a souffert, se seroit présenté mᵉ Dominicque Pontic... qui dit avoir receu, par porteur exprès, lettres de la part de vostre seigneurie du vⁱᵉ de septembre, à ce que vous feust envoyé *estat* des impositions et liefves faictes autres que pour le roy, et des pilleries et forces faictes par les gens de guerre, après ce que l'assemblée a eu entendu la lecture d'icelles a respondu n'avoir sceu jusques à ced. jour rien du contenu de voz mandemens, jusques à ced. jour xvⁱⁱᵉ septembre, et à cest occasion mesd. sᵍʳˢ des Estatz m'ont commandé vous escripre la présente que par le debvoir de l'obéissance que les gens dud. pays doibvent au roy et à vous, satisfaisant à ce votre et premier mandement, vous seroit envoyé led. *estat* pour le regard de la cottization des deniers extraordinaires faictz sur le général du pays, que sont deux empromptz, l'ung de 12.100 liv., autre de 8.000, pour la commutation du subcide ordonné sur les clochiers et paroisses 6.000 liv. de vostre mandement, des fraiz et vivres portés au camp conduict pour la Maiesté du roy par mʳ le mareschal de Dampville, lieutenant dud. sʳ en ce pays et autres, led. camp estant en ceste ville de Muret, Lisle-en-Jourdain, à Grenade, à

---

[1] Cf. *Hug. en Comminges*, pp. 30-31.

Beaulmont de Lomaigne, à Nogarou, à Cazères, Rieux, Montesquieu, Mazères et Sabardun, par mandement et commission dud.
s[r] mareschal, des autres despenses pour raison des garnisons des
s[rs] de Gramont, La Valète, Bellegarde, Fontanilhes, Montagut,
Maucabana, La Yllère, Barrau, les viscomtes de Fimarcon,
Larboust, Arné, Sarlabous, Le Castéra et autres compagnies vous
en sera aussi envoyé *estat* au vray, avec les dires et roolles des
plainctes que les consulz des vilaiges et paroisses envoyèrent aux
chefz des chastellenyes, lesquelz à ces fins et pour leur faire
entendre ont prins coppie de vostre dite commission, promettans
le tout mectre entre les mains dud. scindic pour les vous faire
tenir au dernier de ce moys, vous attestant lesdits s[rs] des Estatz
que rien n'a esté imposé, ny levé, que par commissions des s[rs] de
Dampville, de Monluc et vostre, et le scindic du Tiers Estat de
ced. pays, attendant les roolles des plainctes, despances, folles,
oppressions, plainctes et dommaiges souffertz par le pauvre
peuple, est chargé de ce vous en fornir la main et vous aller trover
à Gaube[1], ou autre part, et vous saluer de la part du pays qui
vous offre humble service, comme je faiz après luy, avec prière
au Créateur, Monseigneur, vous donner l'accomplissement de voz
désirs.

De Samathan, led. jour, xviie septembre 1570.

Par vostre, etc...

[Écrit par Georges Galabert, greffier des États.]

*Minute de lettre missive et responce faicte à Monsieur de Valence,
du XVIIe septembre 1570.*

(États de Samatan, septembre 1570.)

---

[1] Gaube, quartier de la commune de Perquie, cant. de Villeneuve, arr. de
Mont-de-Marsan. — Lieu identifié en ces termes dans *Monluc historien*, p. 554.

LXIX.

1570-1576.

DÉPRÉDATIONS DES HUGUENOTS DU DIOCÈSE DE RIEUX EN COMMINGES.

On trouvera de nombreuses particularités sur les faits que ce titre annonce dans les *Huguenots en Comminges*, complétés par les *Huguenots dans le diocèse de Rieux*. Les documents qui suivent précisent et confirment ce que nous avons déjà dit des incursions huguenotes en une région qui fut pour les pillards un vrai pays conquis.

1. — SIÈGE DES BORDES. (1570.)

Dans le *Cahier des vacations* de Bernard Cabalby, présenté aux États de Comminges en mars 1570, il est fait allusion à un siège récent des Bordes :

« Le 5ᵉ du moys de février aud. an [1570,] ceulx de las Bordes-Daumazan envoyèrent que lad. ville des Bordes estoit assiégée, demandant secourir, dont Mʳ de Couserans [Hector d'Ossun] avec le capitaine Menjon, lieutenant du sʳ de Montagut, nous commanda luy fère la compaignie de 300 hommes pour aller à la [délivrance] dud. las Bordes, et nous avons assemblés les gens pour les tenir pretz, et avons envoyé aud. sʳ de Montagut à cause que led. sʳ evesque de Couserans alloit devers led. sʳ mareschal [de Damville] pour faire venir compagnye aud. pays, le suppliant avoir le cueur [cœur] à ce que passoit, et comment nous avions assez à faire de entretenir sad. compaignie et nous garder de plus grande folle ».

(États de Muret, mars 1570, Cahier susd.)

2. — PROJET D'ACCORD AVEC LE GOUVERNEUR DU MAS-D'AZIL. (1570.)

Au moment où B. de Monluc poussait son expédition en Béarn et où la garde des passages sur les cours d'eau s'observait avec rigueur en Comminges, les États apprirent qu'il y avait un projet de trêve entre diverses châtellenies et Miramont, gouverneur du Mas-d'Azil. L'Assemblée s'opposa à la conclusion de cet accord, si périlleux vu les circonstances et dont les clauses nous sont inconnues.

« Veu la remontrance faicte par Cabalbi de l'accord et composition présentée par Myramont, gouverneur du Mas-[d'Azil,] est commandé aux villes de Salyes, Aspet, Castillon et Aurinhac de aller au secours de Sainct-Lézé en Couserans, sans despourvoir la garde de la rivière de Garonne, leur faisant inhibition et défence, à la peyne de la vie, de ne accorder avec led. Myramont, ny aultres ennemys de Dieu et du roy, ains les empêcher par tous moïens qu'ilz ne marchent, ny puissent rien entreprendre sur led. pays ».

(États de l'Isle-en-Dodon, juillet 1570.)

3. — H u g u e n o t s a L e s c u r e. (1573.)

Aux États tenus à Muret, en avril 1573, Dominique Pontic fit remontrance « que les habitans du pays [de Comminges] ont esté advertis que certaines companyes de gendarmerie des rebelles et céditieulx à Dieu et au roy seroient venues à Lescure et autres villes dud. comté pour y surprendre tout le pays, où personne ne leur faict résistance, tellement qu'en pourroict advenir quelque grand escandalle et pourroit surprendre le pays ».

Après délibération à laquelle prit part Hector d'Ossun, il fut décidé « que la compagnie de 200 hommes à pied qui ne seront poinct du païs mesme est accordée aux habitans du Hault-Païs dud. comté, pour deux mois si c'est besoing ».

(États de Muret, avril 1573.)

4. — G a r n i s o n s a S a i n t - L i z i e r e t a S a i n t - G i r o n s. (1573.)

Les États réunis à Muret en décembre 1573 décident l'envoi d'une garnison à Saint-Lizier et à Saint-Girons, et enjoignent la destruction des places fortes et châteaux dont l'ennemi pourrait s'emparer.

Mr Guillaume de Cau, vicaire général de Mgr l'évêque de Coscrans, assisté de Me Pierre Vitalis, consul de Sainct-Lézé, a remonstré que ez environs dud. Sainct-Lézé et Sainct-Girons, les ennemys de Dieu et du roy y font plusieurs cources, commettant une infinité de maulx, meurtres et voleries, pillent et saccagent le peuple, a requis l'assemblée leur pourvoir sur ce et leur accorder garnison souffizante pour leur faire teste attendu qu'ilz ne sont que bien peu esd. lieux, et l'importance d'iceulx. Lors discourant les voix et ouys sur ce tous les sieurs gentilshommes, scindicz, consulz et aultres estans en lad. assemblée, et suyvyes les oppinions de tous, a esté accordé ausd. habitans de Sainct-Lézé et Sainct-Girons 25 souldatz arquebousiers forains pour leurs garnisons, pour deux mois seulement, et sans conséquence, lesquelz seront soldoyez aux despens de tout le pays et sa recepte, à la charge que si les affaires se présentoient plus tost a l'ung lieu qu'à l'autre, seront tenus se donner secours les ungs aux aultres.

Et faisant droict sur les réquisitions et remonstrances faictes par le scindic du Tiers-Estat dud. pays, a esté arresté que tous gentilshommes et aultres quels que soient ayant maisons fortes, chasteaulx ou aultres places desquelles l'ennemy se pourroict saysir, seront tenuz les garder afin de n'estre surprinses de l'ennemy, aux fins que demeurent à l'obéissance du roy, et où ne le vouldront faire, en seront faictes plainctes et remonstrances au roy pour iceulx faire desmolir, et au surplus que serait enjoinct à tous habitans des villes et villaiges se tenir en leur garde et icelles tenir en l'obéissance du roy, et à tous mariniers, tenans bâteaulx sur les rivières, iceulx tenir en asseurance et garde que les ennemys ne s'en puyssent saisir, sur peyne de confiscation de corps et de biens. Enjoinct tant aulx consuls de Muret que aultres dud. pays et comté de Comenge estans prosches desd. rivières y tenir le cœur et en faire les poursuictes sur peyne d'en respondre.

(États de Muret, décembre 1573.)

5. — HUGUENOTS DANS LA CHATELLENIE DE SAINT-JULIEN. (1575).

Arnaud Maylin, lieutenant du juge de Comminges au siège de Saint-Julien, et Vergeri, son greffier, exposent aux États de l'Isle-en-Dodon, le 11 janvier 1576, qu'à la requête du sindic du pays ils ont été chargés de parcourir les chef-lieux des châtellenies pour « informer... des forces, violances, bruslemens, meurtres et aultres tortz et extorcions que les ennemys de Dieu et du Roy font à lad. compté ».

Ces commissaires accomplirent leur mission : « A grand dobte de leurs personnes par ce que les ennemys de Dieu et du roy y font pleusieurs corces ez lieux dépendans dud. Sainct-Julien ». Maylin et son greffier étaient escortés par quatre soldats à cheval « pour la crainte des corces que lesd. ennemys y font ordinairement esditz lieux comme est le Plan, Saint-Christau, Lafitte, Lafitère, Gousenx, bien proches du Carla et Mérigon que les ennemys tiennent ». L'enquête dura du 8 au 18 février 1575.

(États de l'Isle-en-Dodon, 11 janvier 1576.)

6. — HUGUENOTS A MÉRIGON, CONTRAZY, &c. (1576).

Sur la remonstrance faicte par noble Aymeric de Comenge, s^{gr} de Moulins, disant que par commission et mandement du feu s^{gr} de La Valette il auroit commandé en la ville de Sainct-Lézé la garnison de cent hommes, yceulx payés et soldoyés, norris et entreteneus à ses despens l'espace de neuf moys, mesmes que s'en allant led. feu s[gr] de La Valette **au** pays de Bourdaloys, l'auroit commandé se tenir ès lieux de **Mérigon**, Contraire et aultres lieux du hault pays et y despartir le nombre desd. soldatz, et par une foys auroit emprumpté pour le payement d'iceulx la somme de vIII liv., et despuis aultres et grandes sommes de deniers aux fins que lesd. soldatz ne le quittassent, s'estant obligé sa personne et biens, le tout pour le service de Dieu et du roy, bien, profict et utillité dud. pays, tellement qu'est aujourd'huy endepté pour plus de III[m] liv.

Cest affaire mis en délibération, les gens desd. Estatz en récompense de ce que led. s[gr] de Moulins demande, ayant esgard aux bon, fidelle et agréable office qu'il a faict au pays, luy a donné et accordé volontairement la somme de deux mille cinq cens liv., et ce, pour toute la dépence par luy préthendue.

(États de Muret, novembre 1576.)

Nous retrouvons les Huguenots aux mêmes lieux en 1580. Raymond Ducassé atteste à cette époque qu'il n'a pu lever les tailles à Montbrun, « n'aïant esté possible au comptable d'en recevoir ung seul denier, quelles diligences qu'il aie sçeu faire, et n'ont voleu rien payer pour leur estre impossible à cause qu'ilz sont du tout ruynés, n'ozant sortir hors leurs maisons pour estre au milieu environnez des voleurs et perturbateurs du repos public, leur faisans la guerre toutz les jours, et ne y a personne que ose aller aud. lieu de Montbrun sans dangier de sa vie comme de ce appert par l'atttestatoire que M. le juge de Comenge, ou son lieutenant au siège de Salies, en a sur ce despêché ». Même note pour Montesquieu de Lavantès et Contrazy : « d'aultant qu'ilz sont du tout ruynez pour estre près des ennemys et à mesme payne que ceulx de Montbrun, et ne y a que bien peu de gens que y habitent pour ce jour d'huy ». Moustajon, dans la châtellenie de Fronsac, ne peut rien fournir : « ledict lieu est tombé en ruyne et personne ne y habite. »

(États de Samatan, février 1581.)

LXX.

1572. — Octobre.

Ordre aux consuls de Samatan, Lombez et Muret de recevoir la compagnie du capitaine Montesquieu.

Honnorat de Savoye, marquis de Villars, admiral de France… et lieutenant général au pays et gouvernement de Guyenne, aux consuls, manans et habitans des lieux de Samathan, Lombès et Muret, et autres de la sénéchaussée de Commenge.

Comme l'intention et vouloir de sa Majesté soit que les compaignies des hommes d'armes de ses ordonnances après qu'elles auront faict leur monstre pour le quartier d'apvril, may et juing dernier passé, entrent en garnison pour y estre jusques à ce qu'il leur sera ordonné ce qu'elles auront à faire pour le service de sad. Majesté, à ceste cause [nous voulons], mandons et en vertu du pouvoir à nous donné, enjoignons par ces présentes chacun en droit soy, [et] comme luy appartiendra, que la compaignie de mons^r de Montesquieu, cappitaine de cinquante hommes d'armes, lorsqu'elle se présentera pour entrer en garnison, vous ayez à recepvoir sans aulcune difficulté, leur faisant donner et commander des logis, vivres, tant pour eulx, leurs valetz, serviteurs, que leurs chevaulx, et des utencilles nécessaires, et de gré à gré, selon les Ordonnances de sad. Majesté et jusques à ce qu'il y aye autrement pourveu.

Donné à Gallion[1], le 5e jour d'octobre 1572.

Honnorat DE SAVOYE, *ainsin signé.*

Et plus bas : *Par mons^r l'admiral : Lafeste, et scellées des armes dud. seigneur.*

(États de Comminges tenus à Toulouse, 14 décembre 1572.)

[1] Auj. dans l'Eure, cant. de Louviers.

LXXI.

1572. — 1573.

Gens de guerre a Lilhac.

1. — Déprédations de la compagnie de M. de Devèze.

† L'an 1572 et le 23e jour du moys de novembre, nous Conseulz, Conseillers du lieu de Lilhac, avec nostre notaire et greffier ordinaire soubz signé, certiffions et par ces présentes attestons comme au moys de may dernier passé, vingtiesme jour dud. moys, la companie coronelle de monsieur de Devèze avec ses companies, seroyent venues à louger aud. lieu de Lilhac[1] avec toutes leurs trouppes et demeurées aud. lieu deux nuictz et deux jours, et faict aud. lieu plusieurs insolances des vivres, lougis, volementz et pilheries, battre, fraper les pouvres habitans dud. lieu, estans en nombre de cinq cens hommes armés tant à pied que à cheval, suivant la perquisition que par nous conseulz en a esté faicte de lougis en lougis, et moyennant le serment faict et presté par les habitans ayant lougés, et par nous ayant requise la coppie de la commission aud. sr cappitaine Devèze, lequel ne leur en auroict voleue bailher, ains avec plusieurs renyemens et blasphèmes ne leur en auroict voleue bailher, moings tenir aulcun compte, que a esté cause que nous dits conseulz, conseillers dud. lieu de Lilhac aurions faict faire ces présentes à nostre notaire et greffier ordinaire aulx fins de pouvoir remonstrer les insolances, tortz, griefz, voleries et meschancetés faictes et causées par les gens dud. régiment dud. sieur cappitaine Devèze.

Et pour ce qu'est vray en avons faict faire ces présentes les an et jour susdits. — En foy de quoy et du mandement desd. srs conseulz dud. lieu me suys soubz signé :

De Camps, notaire royal et ordinaire susdit.

(États de Samatan, 2 décembre 1572.)

*
 * *

Du 6 au 8 novembre 1572 séjournèrent aussi à Lilhac quatre-vingts arquebusiers conduits par noble Gaspard de Bonrepaux, lieutenant du capitaine Lisle, plus « troys chevalz pour son estat ». Les consuls

---

[1] En la châtellenie de l'Isle-en-Dodon.

déclarent les avoir logés et nourris « le milheur que nous a esté possible ». Dans une requête aux États de Muret, en avril 1573, les consuls et sindic de la même communauté remontrent que « led. lieu a esté afoullé, pilhé et mangé pour raison des compaignies que ont alougé aud. lieu et aulx environs, de plus de mil livres, qu'est oultres et encore 44 scutz sol que ont esté constraingtz donner et payer aulx capitaines des compaignies pour les faire vuyder, comme est la compaignie du s^r de Candalle, 10 scutz; au capitaine Lamarque, 14 scutz sol; au capitaine Maurens, 4 scutz sol; au capitaine Foys, 6 scutz; et aultre foys aud. Maurens que y est venu et y a demeuré deux jours à grandz despens, et au capitaine Aulon ont baillé 10 soubz sol ». Indemnité accordée par les États : 120 liv.

(États de Muret, avril 1573.)

2. — Passage de la compagnie de Gaspard d'Orbessan.

A vous messieurs les gens tenans les Troys Estatz en la ville de Samathan.

Supplient humblement les consulz du lieu de Lilhiac que ilz se seroient rendeus par devant vous supplians de ce que ilz auroient beaucoup fraié et despendeu à entretenir la compaignie de noble Gaspart de Orbessan, lieutenant et condectur du cappitaine Lisle de Lisle-Jourdain, estans en nombre de quatre vins hommes à pié arcabosiés, sauf troys chevalz pour son service, lequel a demuré aud. lieu l'espace de deux jours et deux nuictz, lequel capitaine avec sad. compaignie auroict despendeu la somme de deux cens livres sans compraindre la despense de leurs serviteurs et aultres despens fraiés paravant en l'année 1570.

A ceste cause vouldroient lesd. consulz supplians, de vos bénignes grâces, vous pleut ordonner que lesd. despens faictz et fraiés seront taxés sur le rocgle [rôle] si après attaché et ferez bien.

Pour les supplians : De Rivis.

*
* *

Le suppliant vériffiera le contenu en la présente requeste pour, à la prochaine assemblée, y estre pourveu.

Fait à l'assemblée teneue à Samatan, le 2e décembre 1572.

J. Bertin, *greffier.*

Tauxé : cent livres.

(États de Samatan, 2 décembre 1572.)

LXXII.

1573.

REQUÊTE DES HABITANTS DU BOIS-DE-LA-PIERRE.

A vous Messieurs les gens tenans les Estatz, etc.

Suplient humblement les conseulz, manans et habitans du Bois de la pierre remonstrans que despuis le mois de janvier dernièrement passé ilz ont souffert toutes les foles qu'il est possible pancer et ont tous estés ruinés par la gendarmerie, tèlemant que sauf deux ou trois seulemant, ils sont tous constrains d'aler mendier, tant s'en faut qu'ilz puissent païer les tailles du roy.

Remonstrans aussi que l'année passée, aux Estatz derniers teneus à Samatan, il leur feut donné cinq livres pour les despans qu'ilz avoient remontré avoir esté faictz par leur sindiq, et que touteffois ilz n'en ont peu estre neullement païés, non obstant l'ordonnance des Estatz.

Ce considéré, et que lesdits suplians sont réduis à si extrême pauvreté, et que messieurs des Estatz leur ont ordonné le paiement des despens de leur syndiq par eux remonstrés, il vous plaise, Messieurs, aïans pitié et compassion d'eux, et maintenans vostre ordonnance, leur donner tel alègement et leur faire telle raison que verrés estre à faire, et lesdits supplians prieront Dieu pour vostre prospérité.

Auront pour tout X livres.

(États de Muret, décembre 1573.)

LXXIII.

1573. — JANVIER.

LETTRES DE SAUVEGARDE ACCORDÉES PAR CHARLES IX AU S^{GR} DE SARRIEU.

De par le Roy,

A tous nos lieutenans, gouverneurs, mareschaulx de France, colonnelz, chefz et conducteurs de noz guerres, tant de cheval que de pied, de quelque langue et nation qu'ilz soient, gentilz hommes, soldatz, les mareschaulx de lougis et forriers commis à faire dresser les lougis de noz gens de guerre, et à tous nos justiciers, officiers et subjectz qu'il appartiendra, salut et dilection.

Inclinans libérallement à la supplication et requeste à nous faicte par nostre aymé et féal le seigneur de Sarrieu, gentilhomme ordinaire de nostre chambre et maistre de camp de noz bandes françoises, nous vous deffendons très expressément, sur tant que à nous craignés désobéir et desplaire, qu'en la ville d'Aurignac, ses appartenances et déppendances, et fermes y estans, appartenant aud. s^r de Sarrieu, vous n'aïés à louger, ne soffrir louger aucungs de noz gens de guerre, tant de cheval que de pied, ny en ycelle prendre, ne soffrir prendre fourrages, ny empourter aucungs bledz, vins, avoines, chers, bœufs, motons, aigneaulx, chebreaux, foins, pailles, poulailhes, ny autres choses quelzconques, sans le gré et volonté des habitantz de lad. ville et dud. s^r de Sarrieu, leurs serviteurs, fermiers, metaïers et contremetteurs, et lesquelz avec leurs familhes, biens, possessious quelzconcques nous avons prins et mys, prenons et mectons par ces présentes en nostre protection et sauvegarde spécial, et en signe d'icelle avons permis et permectons à iceulx habitans et aud. s^r de Sarrieu, leursd. fermiers et mectaïers, faire mettre en lieux plus emynens des portes et advenues de lad. ville, et desd. maisons et fermes, leurs appartenances et dépendances, noz penonceaulx, bastons roïaulx et armoieries, à ce qu'ilz n'en préthendent cause d'ignorance. Vous advisant que s'il y a aucun de nosd. gens de guerre que contreviennent à ceste présente nostre sauvegarde, que nous en ferons faire si bonne et rigoreuse inquisition, que les autres y prendront exemple...

Donné à Paris, le 6e jour de janvier, l'an de grâce 1573.

Charles.

Par le roy : Pinard, ainsi signé.

(États de Muret, 19 avril 1573.)

LXXIV.

1573. — Mars.

Requête des États de Comminges
au marquis de Villars
touchant les déprédations des gens de guerre.

A Monseigneur le marquis de Villars, admyral de France,
lieutenant général pour le roy en Guyenne.

Supplie humblement le sindic du pays et comté de Commenge
que bien que led. pays soit assiz en vostre gouvernement de
Guyenne et que tant par Lettres patentes du roy que de vostre
seigneurie soict faict inhibition et deffence à toutz gentilshommes,
cappitaines, soldatz que aultres gens de guerre, tant de pied que
à cheval, louger dans led. pays, ny tenyr les champs et y vivre
aultrement que de gré à gré, suyvant les édictz et ordonnances
du roy, touteffois certaines compaignies que sont du gouvernement de Languedoc et passent et repassent souvent, dans led.
comté, tant de pied que à cheval, et vivent en toute liberté, sans
payer, et à leur discrétion, tiennent garnison dans les villes de
lad. comté et constraignent les habitans de lad. comté de leur
fournyr vivres sans rien payer, commectant plusieurs excès et
violances [1] au mespris et contempnement de vostre auctorité.

⁂

Il est permis au suppliant faire informer du contenu en la présente
requeste par le plus prochain juge des lieux que à ce faire commectons,
défendant à toutes personnes, cappitaines et gens de guerre, de piller,
ny ravager aulcungz biens desd. supplians, leur enjoignant vivre
modestement et payer ce qu'ilz prendront suyvant les ordonnances

---

[1] Ces « excès et violences » des gens de guerre constituent un des faits les
plus avérés de l'histoire de nos troubles au xvi⁰ siècle. Jean Bertin, procureur
du roi en Comminges, représentait aux États tenus chez les Cordeliers de Muret,
en décembre 1572, « ..... les foules et despences que led. pays a souffert despuys
ces derniers troubles estre grandes et insupportables mesmes à ceulx qui habitent aux vilaiges, lesquels ont esté pilhés et ruynés entièrement tant par les
ennemys ez lieux où ilz leur sont proches, que par ceulx qui se sont advoués
du party du roy, vivant indiscrètement et avec toute dissolution sur le pauvre
peuple ». — *(Loc. cit.)*

royaulx, et auxquels supplians nous permettons empêcher par toutz moyens que aulcungz gens de guerre ne logent ou séjournent en leur pays sans commission du roi, de monsieur ou de nous, et là où ilz les trouveront assemblés et en armes, leur courir sus et tailher en pièces.

Faict à Cahours le 9ᵉ mars 1573.

HONORAT DE SAVOYE.

Et plus bas : *Par mond. sʳ l'admyral :* MARAN, *ainsin signées et scellées du scel dud. sʳ* .

(États de Muret, 15 mars 1573.)

LXXV.

1573. — MARS.

ENCORE LES HUGUENOTS A SAINT-SEVER DE RUSTAN.

Nous donnons l'extrait du procès-verbal ci-après transcrit afin de corroborer l'enquête de Charles de Relongue relative à l'anéantissement de Saint-Sever, par les huguenots, en 1573[1]. Le 24 juillet 1576, Jean Javelly, commis de Jean Roquade, trésorier de Comminges, partit pour Puyderieux, Lapeyre, Fites, Affites, Estampures, Saint-Sever « de Roustaing », en vue de contraindre ces juridictions au paiement des tailles. Or, voici ce qui lui arriva à Saint-Sever :

Le xxxᵉ jour des mois et an que dessus accompaigné dud. Anthony Saint-Laurenx me serois transpourté à la ville de Saint-Sever de Roustaing et illec estaut, aurois treuvé lad. ville bruslée, personne n'y fesant aulcune habitation si ce n'est quelques pouvres femmes vefves et quelques pouvres enfans ausquelz aurois sommé de me monstrer ung consul dud. Saint-Sever, lesquelz m'en auroient monstré ung qui sortoit de la tour de l'abbaye dud. Saint-Sever, nommé Domenges Dariguaut, auquel aurois sommé et requis de païer la somme sur eulx cottizée et couchée au rolle, par led. Roquade despêché, cy attaché, lequel a respondu n'avoir lad. somme, moins la vouloir païer ny cottizer, car le roy les avoit donné toutes les cottizations tant ordinaires que extraordinaires pour la réédification de leur ville pour six ans, comme ilz feront foy par lettres patentes, et si je estois saige que je n'entrepriuse fère fère aulcune exécution contre les biens ny personnes des manans habitans pendens les six ans, qu'ilz se

---

[1] Cf. *Hug. en Comminges*, p. 82.

feront tuer [plus tôt] que de permettre aulcune exécution estre faicte.

Présens à ce Pierre Robin, de Tarbe, m^c Galhard de la Rieu, recteur de Sénac, et Dominicque Sentos, marchand de Sadurin.

(États de Muret, septembre 1576.)

LXXVI.

1573. — Novembre.

LETTRE DE CHARLES IX A JEAN DE LAVALETTE.

Après avoir assiégé inutilement Montauban pendant trois semaines, le marquis de Villars, amiral de France, dut envoyer une partie de ses troupes à l'aide du duc d'Anjou alors occupé au siège de La Rochelle. La paix conclue avec les Huguenots de cette ville [1] (1er novembre 1573), Villars rejoignit Charles IX qui pourvut de la lieutenance au gouvernement de Guyenne Jean de Lavalette [2].

Monsieur de la Valette, je suis demeuré en peyne après l'arrivée de mon cousin l'admiral par deça de recognoistre mon pays de Guienne desnué de chefz qui y puisse commander et porvoir aux affaires qui s'y présentent, et sçay qu'il ne porroit beaucoup demeurer en tel estat avec le repos que je y désire. J'ay assés cognu et expérimanté vostre vertu et la dévotion que vous avés à mon service, et sçay que vostre présence y peult plus que nulle aultre apporter de repos et commodité, au moyen de quoy je vous ay choisi pour commander en pays qui sont delà la Garonne ainsin que vous verrés par le povoir que je vous en envoye, lequel je vous prye ne faire difficulté d'accepter et vous employer à ce qui deppend d'icelluy selon la parfaicte fiance que j'ay en vous

---

[1] D'Aubigné en rapporte les stipulations et fixe la date : *Hist. univ.* L. I, ch. xx.

[2] « Jean de Nogaret, s^gr de Lavalette (auj. canton de Verfeil, H^te-Garonne), de Cazaux et Caumont (dans Cazaux, cant. de Samatan), capitaine de cinquante hommes d'armes, mestre de camp de cavalerie en 1569, lieutenant du roi en Guyenne, et mort en 1575. C'est le père du fameux duc d'Epernon, le favori de Henri III. » — Voyez Edmond CABIÉ, *Guerres de religion dans le Sud-Ouest de la France*, col. 254. Antérieurement à 1573, J. de Lavalette avait été sénéchal d'Armagnac. A l'assemblée tenue à Mirande le 11 mai 1570 (cf. *Hug. en Comminges*, p. 63), Jean Loberon, député de Rivière-Basse, dit qu'il est « adverti que Monsr de La Vallette est à présent gouverneur de Lectore et dud. pays, et séneschal d'Armagnac ».

qui ne me ferés jamais service plus à propos, ny plus agréable, asseuré que je vous y laisseray le moingz que je porray.

Ne vous mectés en peyne de ce que je vous ay cy-devant escript de me venir trouver à Compiègne sur la fin du moys de décembre prochain, car je vous en excuseray tousjours très volontiers sur telle occasion, encores que je désire vostre présence aultant que de nul aultre.

Je remectray à vous de porvoir à la seureté dud. pays ainsin que vous adviserés pour le mieux ; mais je veux bien vous advertir que mond. cousin l'admiral est d'advis que mettant deux compaignies de gendarmes en garnison ez lieux à propos et qui puissent faire front à ceux à qui vous aurés à faire, et que c'est tout ce qui se peult désirer. Vous saurés bien choisir ce qui vous sera plus expédiant et vous gouverner en cella selon les occurrances, à ceste cause je ne m'estandray plus avant sur ceste lettre, sinon de vous prier encores ung coup embrasser pour l'amour de moy ce service que je désire de vous, de l'affection que je scay que vous me portés, et je n'oublieray le bon office que vous m'y aurés randu, priant sur ce le Créateur, Monsieur de la Valette, qu'il vous aye en sa saincte et digne guarde.

Escript à Vitry le François le XIIe jour de novembre 1573 : Charles, *signé*. — *Et plus bas :* Fizes.

(États de Muret, 5 janvier 1574.)

LXXVII.

1573. — Décembre.

Lettre des États de Comminges a Antoine de Gramont.

Curieux document qui témoigne du zèle catholique de celui qui l'avait provoqué. Le piquant de l'affaire c'est que jusqu'en 1570 Antoine de Gramont avait été « l'un des plus ardents fauteurs de la réforme en Béarn [1] ». On trouvera les éléments de la notice de ce personnage dans les *Huguenots en Bigorre* et dans les *Huguenots dans le Béarn et la Navarre*, sans oublier les données importantes que

---

[1] Expressions de M. l'abbé V. Dubarat, *op. cit.*, p. 134.

fournit sur son compte M. l'abbé Victor Dubarat en ses *Documents et bibliographie sur la réforme en Béarn et au pays Basque.*

Monseigneur, nous avons entendeu ce que nous a esté remonstré de vostre part par Monsieur le cappitaine de Lamesan, et pour responce à ce, vous supplions vouloir croire que les habitans de ce païs et comté de Commenge n'ont jamais pencé, estans très fidelles, loyaulx et très obéissans serviteurs et subiectz du roy, atempter ou faire chose contre le service de sa Majesté, ny rien conspirer contre sa noblesse, mais parce que durant ses troubles et guerres civiles, parce que les compaignies et bandes qui ont esté levées et sont passées par ce païs, ont faict de grands dégatz et insollences, desquelles a esté enquis et informé, et chascune ville et village en particulier en a faictes ses doléances, ayant supplié le général de Guienne qui estoit commissaire à ceste assemblée d'Estats tenus en ceste ville de Muret par mandement du roy et pour son service, luy représentent que le peuple estoit tellement apaouvry pour raison des passaiges de la gendarmerie à pied ou à cheval, et pour la stérillité des années et des maladies qui ont régné, il seroit difficille et presque impossible pouvoir payer les deniers demandés par sa Majesté, et entre nous il y a paix, union et amytié, et vivons tous en bonne fraternité, et prions Dieu nous y vouloir conserver longuement, et nous maintenir en la relligion cathollique, romaine et appostolique; comme nous avions tousiours vescu et avons volonté d'y persévérer toute nostre vye, sans nous en despartir.

Nos prélatz et evesques qui sont deux, assavoir Messieurs de Couserans et Lombès, font leur debvoir avecq résidence en leurs eveschés et diocèses.

Quant au faict de la justice nous n'en avons poinct de plainctes si n'est qu'elle est un peu longue.

Que sera l'endroict où nous prions Dieu le Créateur, Monseigneur, vous conserver longuement en sa grâce, saluant la vostre de nos très humbles et très affectionnées recommandations.

De Muret, en l'assemblée des Estatz ce iv° jour de décembre 1573.

Voz très humbles et affectionnés serviteurs les gens des trois Estatz du pays et comté de Comenge.   BERTIN, *greffier.*

*A Mgr M^{yr} de Gramont, chevalier de l'ordre du roy, cappitaine
de cinquante hommes d'armes et vice-roy en Béarn.*

(États de Muret, décembre 1573.)

LXXVIII.

1573. — DÉCEMBRE.

REQUÊTE DES ÉTATS DE COMMINGES A CHARLES IX.

Ils demandent décharge de l'équivalent des vivres qu'ils avaient à
fournir au camp du marquis de Villars.

Au Roy.

Sire.

Vos très fidelles, très obéissans, très loyaulx fidelles subiects
et serviteurs, manans et habitans en vostre pays et comté de
Comenge très humblement et avecq toute humilité vous remonstrent que combien dans vostred. païs et comté de Comenge n'aye
esté reçeu, faict, ny exercé aulcun office de oppinion nouvelle, de
quoy ilz ce sont deffandus sans y rien espargner à leurs propres
despans, et néantmoings obéy à vostre Majesté d'accorder et païer
ce que leur a esté demandé tant à voz deniers de tailles, taillon,
crue de trois et quatre solz pour livre, et pareilhement obéy à voz
lieutenans généraulx et gouverneurs, combien que vosd. paouvres
subiectz sont graudement affoiblis par avoir eu, deux années,
stérillité de tous fruictz, vexés et travaillés par les compaignies et
bandes qui ont esté levées en vostred. païs, en grand nombre, et
par ce, Sire, que par Monseigneur le comte de Tande, marquis de
Villars, admiral de France, lieutenant général pour vostre Majesté
en Guienne ayt esté commandé à vostred. païs de Comenge et à
ses aydes pour l'avitaillement du camp qu'il avoict dressé pour
vostre service, pour assiéger Montauban, quinze cens sacz bled,
quinze cens sacz avoine, cent motons, dix huict bœufz, à quoy ne
voulant désobéir vosd. subiectz et considérant qu'une partie
d'iceulx sont habitans ez montaignes Piranées, et que la seulle
voiture desd. vivres monteroict au double, auroict déliberément
advisé mectre cella en deniers, et les imposer et mectre sur vosd.
subiectz pour les tenir prestz, ce qu'a esté faict et levé sur les
habitans de vostred. païs.

Et parce que le camp dud. s^r admiral auroict esté rompu et une partie d'icelluy renvoyé à La Rochelle, tellement qu'il n'auroit pas esté besoin fornir lesd. vivres [1]; mais sur vosd. habitans du païs et comté de Comenge seroict survenu mandement et commission dud. s^r admiral de recepvoir la compaignie du s^r Franciscon d'Est, qui vouloient estre logés et norris sans païer, chose qui estoit non seullement difficile, mais impossible pour la stérillité des fruictz, foiblesse et paouvreté de vosd. subiectz. Affin que les deniers levés pour lesd. vivres ne demurassent ocieux, que vosd. subiectz ne feussent affollés, lad. somme auroict esté employée tant pour l'entretènement de lad. compaignie dud. sieur Franciscon d'Est que à la guarde des villes et passaiges sur la rivière de Guaronne et aultres villes dud. pays, pour empêcher que les ennemys ne passassant de Languedoc au pays de Guascongne, suivant le mandement et commission dud. s^r admiral, et pour tenir les villes de vostred. pays en vostre obéyssance, et pour tant descharger vosd. subiectz, au préjudice desquelz on auroict supplanté vostred. Majesté par importunité, cachant que lesd. deniers provenans desd. bources estoient de vosd. subiectz, et emploiés et convertis pour la nécessité urgente et acquittement de vosd. subiectz et vostred. Majesté, auroict obtenu lettres le 13e d'aoust dernier adressées au s^r de Gourgues [2], général de voz finances en Guienne, pour, appellé avecq luy Me Jehan Molinet, constraindre bailler les deniers levés pour lesd. vivres qui ont esté employés il y a longtemps pour la descharge de vosd. subiectz et habitans de Commenge et dont les comptables en ont rendu compte à vostred.

---

[1] Le 16 janvier 1573, les États de Comminges avaient fait procéder à la répartition des vivres dont il est ici question et que devaient fournir les châtellenies et villages. Les habitants du comté proprement dit (les Aides ayant leur répartition spéciale) avaient à envoyer : 894 sacs 2 mesures blé et autant d'avoine, le blé estimé 6 liv. le sac, et le sac d'avoine 3 liv. La part de bétail se trouvait évaluée à 10.666 liv. 8 s. 3 d., « laquelle partie sur le nombre de 3730 bolugues que led. corps et pays porte, en est advenu pour chaque bolugue 2 liv. 13 s. 4 d. oboles ». — (Voy. États de Comminges réunis à Toulouse le 16 janv. 1573 : *Mande aux chatellenyes et villaiges pour la contribution des vivres du camp*).

[2] Ogier de Gourgues l'un des généraux des finances établis en Guyenne. Voy. *Testament d'Ogier de Gourgues* dans le t. XXIV des *Archives historiques de la Gironde*, et *Notice sur la famille de Gourgues par Jacques-Joseph de Gourgues, évêque de Bazas*. (Réimpression de 1867.)

payz, comme ilz estoient chargés faire, et soubz ce prétexte, led. Molinet auroict emprisonné le collecteur des deniers de vostred. païs, combien luy aye faict apparoir de tout ce dessus, et d'avoir rendu son compte, et encores menassé d'emprisonner les consulz et scindicz des villes et villaiges de vostred. païs.

Ce considéré, plaise à vostred. Majesté, veu le compte-rendu, révoquer lad. commission, et imposer silence aud. général et de Molinet, et tenir pour deschargés vosd. subiectz, manans et habitans dud. païs et comté de Commenge qui sont tant dévotz et affectionnés à vostre service, et ilz prieront Dieu le Créateur vous faire la grâce, très dignement et très heureusement, avecq toute prospérité, régner.

(États de Muret, décembre 1573.)

———

LXXIX.

1574.

Jean de Lavalette et la garde de la ville de Muret.

Un des premiers soins du nouveau gouverneur de Guyenne fut d'assurer la conservation de Muret. Dans ce but, il provoqua une réunion des États dans cette ville par le billet suivant adressé au sindic de Comminges :

1. — Lettre de J. de Lavalette a Dominique Pontic.

Monsieur le scindic, parce que je me suys délibéré d'aller lundy prochain à Muret pour certaynes affayres qui importent le bien public, encores que le terme soyt ung peu court, je vous prye ne failhyr à mander à toutes les chastellenyes de s'y trouver, et m'asseurant n'y fauldrès, ne la fais plus longue, si n'est que priant le Créateur vous aye en sa guarde.

De Caumont, ce premyer janvyer 1573 [1574].

Vostre vray et ancien amy : Lavalette.

Je escriptz à mons^r de Lamezan, mon honcle. Je vous prye luy fère tenyr la lettre incontinant afin que je en aye response demain.

A M. Pontic, scindic du Tiers-Estat du pays de Comenge, à Samathan.

(Suscription et signature autographes. — États de Muret, 5 janvier 1574.)

Par commission datée du même lieu et le même jour, Lavalette assignait pour garnison à la compagnie de Lamezan les villes de l'Isle-en-Dodon, Aurignac et Salies :

2. — Commission de J. de Lavalette a M. de Lamezan.

Jehan de Nogaret, s^{gr} de La Valette... au s^{gr} de Lamezan,
lieutenant de la compagnie du s^{gr} Francisque d'Est...

Nous vous avons ordonné garnyson pour vostre compagnie, pour y tenir quartier, suyvant la publication des monstres sur ce faictes et intention de sa Majesté, en la comté de Comenge, sçavoir, ez villes de Lisle-en-Dodon, Aurignac et Salies, et y demeurer et vivre en payant raisonablement suyvant les Ordonnances, mandons et commandons aux consulz, manans et habitantz desd. villes vous administrer vivres et logis nécessaires tant pour la norriture de vosdits gendarmes et archiers que pour leurs chevaux.

Donné à Caumont, soubz nostre seing et scel, le 1er de janvier 1574.

                                   La Valette.

Par mond. s^{gr} : d'Aygremont, ainsin signé.

(Copie. — États de Muret, février 1574.)

Selon l'ordre du gouverneur de Guyenne, les États se réunirent à Muret le 5 janvier 1574. Y assistaient : Pierre de Lancrau, évêque de Lombez, Urbain de Saint-Gelais, évêque de Comminges (celui-ci à titre exceptionnel), Odet de Benque, Bernard de Lamezan, Bertrand de Comenge, baron de Péguilhan, Philippe de Saint-Pastou, s^r de Bonrepaux, Manaud Ysalguier, s^r de Montfaucon, François de Polastron, s^r de La Ylhère, MM. de Vic et d'Andofielle, Jean de Borderia, juge en Comminges, Jean Bertin, procureur du roi, les consuls de Muret, Pierre Busc, Jean Jacob, Martin Sabatier, Louis Peyreigne, etc. Lavalette présidait en personne; il harangua lui-même l'assemblée :

3. — Harangue de J. de Lavalette aux États.

Ausquelz led. s^r de Lavalette a remonstré que le roy nostre sire luy a baillé la charge et lieutenance pour sa Majesté au païs et duché de Guyenne, et aux fins que personne ne puisse ignorer sa charge, auroit monstré et faict lire publicquement la lettre missive à luy envoyée par sad. Majesté.

Laquelle leue, led. s^r de Lavalette auroit aussy remonstré que puys naguyères et depuis sa charge, il auroit esté adverti par

certains gentilshommes du païs que les ennemys de Dieu et du
roy taichent surprendre le païs de Comenge, voyre tout le pays
de Gascoigne, tellement que ez environs d'icellui font mille
cources, invasions et pilheries, murtres et larecins et aultres mes-
chantz et détestables actes contre les catholicques, mesmes ont
délibéré et arresté surprendre la ville de Muret[1] principale et
capitale dud. païs que seroit entièrement la ruyne non seullement
de la Gascogne, mais de la ville de Tholose et à dix lieues à la
ronde, ce que aysément lesd. habitans [ennemis] pourroient faire
par le moyen des intelligences qu'ilz pourroient avoir avec quelques ungs des habitans d'icelle, tellement que si le cas advenait,
ce que à Dieu ne plaise, seroit après impossible d'icelle remectre
en l'obéyssance du roy, à cause qu'elle est forte et bien accom-
modée pour faire défence à l'ennemy.

Par quoy est requis et nécessaire y mectre gouverneur pour la
garde et tuytion d'icelle, homme de bien, capable et souffizant, et
expérimenté au faict de guerre, pour y commander avec ung bon
nombre de soldatz, aux despeus communs de tout le pays et
recepte dud. Comenge, qu'est cause qu'il auroict escript au scindic
dud. païs pour faire assembler les Estatz dud. païs à ce présent
jour, et mandé par sa lettre missive ce que pensoict.....

(États de Muret, janvier 1574.)

4. — GARNISON DE MURET.

La garde de Muret fut confiée à Bertrand Ysalguier, s^r de Montfaucon et de Saint-Cassian[2]. La garnison placée au château de Muret,
au confluent de la Garonne et de la Louge, comprenait les hommes
d'armes dont un document fournit l'énumération. De 1574 à 1576 leur
nombre varia entre cent et cent cinquante.

[1] En 1573, par arrêt du Parlement de Toulouse, il avait été commandé aux
consuls de Muret de faire réparer les murs de cette ville : « aux fins que
l'ennemy ne s'en puisse saysir, et icelle tenir en bonne et seure garde soubz
l'obéissance du roy, sur peyne d'en respondre de leurs vies, leur enjoignant de
ce faire aux despens de tout le païs et sa recepte, attendu l'importance de lad.
ville... » Après lecture de « l'arrest et mandement », le conseil de communauté
décida de lever 500 livres sur la châtellenie de Muret pour réparer les fortifications. — (États de Muret, décembre 1573.) Cfr. *Hug. en Comminges*, p. 88.

[2] Cfr. *Hug. en Comminges*, p. 92. — Le 27 octobre 1580, noble Bertrand
Ysauguier est parrain de Bertrand de Busc, fils de Pierre Busc, lieutenant du
juge de Comminges au siège de Muret, et de Jeanne de Milanoys. *(Reg.
paroissiaux de Muret.)*

L'Estat et ordonnance faicte par Monsieur de La Valette, lieutenant général pour le roy en Guienne, deça la rivière de Garonne, pour le payement de cent hommes de guerre, soubz la charge du s^r de Montfaucon, entretenuz en la ville de Muret, au comté de Comenge, aux despens des habitans dud. pays, pour la garde et seurté de lad. ville et chasteau d'icelle, en ensuyvant la délibération faicte en l'assemblée des gens des Trois Estatz de lad. comté, en lad. ville de Muret, le 5e jour du moys de janvier 1574.

Premièrement :

Le s^r de Montfaucon, capp^{ne} gouverneur aura pour moys de son estat	c l.
Le lieutenant ou enseigne.	L l.
Deux sergens, chascun 18 liv., monte.	XXXVI l.
Quatre caporalz, chascun 14 liv., monte.	LVI l.
Quatre lances espassades, 15 liv., chascune. . . .	LX l.
Quatre autres lances esparssades, 14 liv., chascune.	LVI l.
A 73 soldatz harqueboziers et chascun d'eulx, pour moys 10 l. t. monte	VII^c XXXII l.

Lequel *Estat* de payement desd. soldatz faisant led. nombre de cent, comprins les membres de lad. compaignie et app^{ens} monte à la somme de 1090 liv. tourn. pour chascun moys, desquelz sera faict le payement par les consuls de lad. ville de Muret... à l'assistance de Me Pierre Busc, licencié, com^{re} et controlleur à ce député... etc., le 6 janvier 1574.

Copie collationnée signée : P. Busc, *lieut^t susdit.*

(États de Muret, janvier 1574.)

5. — Requête a Jean de Lavalette.

A M^{ur}, Mgr de La Valète..., lieutenant général pour sa Majesté en Guyenne, deça Garonne.

Remonstre très humblement le scindic, consulz, manans et habitans de la ville de Muret, en vostre gouvernement, que en icelle vous auroit pleu y mettre et establir pour gouverneur le s^{gr} de Monfaucon avec cent soldatz, et despuis augmenté le nombre de cinquante pour la tenir en l'obéyssance du roy, garde et deffence du pays de Commenge et partie de Gascoigne. Et pour l'entretènement de ce, auroit esté impozé deniers despuis le

moys de mars jusques à présent, ensemble pour aultres garnisons
par vous establyes ez villes et lieux de Sainct-Julien, Salies,
Sainct-Lezer, Sainct-Girons, Le Plan, Sainct-Martorie et Sainct-
Christaud, revenant pour chesque moys à plus de 5000 liv. oultre
les aultres grandz charges que le pays a porté tant des cottizations ordinaires que extraordinaires, qu'auroit esté cause que
représentée la misère d'icelluy, les habitans estans dernièrement
assemblés n'auroient volu accorder autre imposition de deniers
pour l'entretènement desd. garnisons; mais soubz le bon plaisir
du roy et vostre se seroient aydés de 3000 liv. pour le moys de
septembre, de restes qu'ils ont treuvé entre les mains de leur
collecteur des deniers imposés sur led. pays de la subvention de
10.000 liv. demandées par le feu roy, et pour ce que encore la
guerre se continue et que les rebelles ennemis de Dieu et du roy
ne cessent de pilher, fère prisonniers, ransonner et massacrer ses
bons subiectz, fidelles et catholicques, les supplians sont constrainctz continuer leurs dites garnisons, ne sçaichans quel moyen
tenir pour icelles payer, si par vostre grâce, moyen et faveur ne
sont secoreux.

Ce considéré, vous plaise en ceste nécessité et perpléxité donner
moyen aux supplians de pouvoir continuer lad. garde et entretènement dud. s^r de Monfaucon avec ses soldatz, et à ces fins leur
permettre pouvoir cottizer ce que sera nécessaire, pour deux moys,
sur les contribuables aux tailhes dud. païs, et cependant ordonner
estre faict commandement au trésorier d'icelluy advancer ce que
sera besoing jusques à la lière desd. deniers, et en cas de reffus,
l'en pouvoir constraindre par corps, à luy et à ses cautions, et
lesd. habitans seront de plus en plus en priaires et oraisons pour
vostre noble estat, prospérité et saincté.

*
* *

Attendu que les Estats sont assignés à lundy prochain 18e de ce
moys, il est sursys à prouvoir sur le contenu en la présente et *articles*
que led. scindic a présentés.

Faict à L'Isle-Jourdain le xie octobre 1574.

   † *Sceau.*   *Par mond. seigneur :*   BAUFREMONT.

[Note de Georges Galabert :] « Je n'ay esté payé des présentes ».

(Pièce originale. — États de Muret, octobre 1574.)

Le procureur du roi en Comminges appuya par une requête personnelle celle des consuls de Muret. Le 26 octobre, étant à l'Isle-Jourdain, Lavalette répondit : « Il est commis au juge de Cumenge, ou son lieutenant, de imposer et quotiser le solde de lad. garnison sur le pays de Cumenge, comme a esté faict ci-devant, etc...

(États de Muret, octobre 1574.)

LXXX.

1574.

CASTILLON ET LES HUGUENOTS DU COMTÉ DE FOIX.

Les religionnaires du Mas-d'Azil, du Carla, de Lescure, Camarade, Mérigon, devenant redoutables pour les château et ville de Castillon, les États fortifient la garnison de cette place. Les mesures de préservation décidées alors furent prises sur l'initiative de Jean de Bellegarde, seigneur de Termes. A son tour Jean de Lavalette intervint sur requête des consuls et habitants de Castillon, et ordonna la réparation des murailles de la ville.

1. — LETTRE DE J. DE BELLEGARDE AUX CONSULS DE CASTILLON.

Messieurs de consulz.

Les courses et pilheryes que je voy practiquer journellement en ce pays par les rebelles et ennemys de Dieu et du Roy sur les pouvres catoliques, et que jantans ilz en veullent particulhiarement à vostre ville de Castilhon, et se dellivèrent surprendre vostre chasteau, j'ay volleu vous faire la présente pour que vous prennés bien garde en vostre faict et mectés six soldatz dans vostre dict chasteau pour la garde d'icelluy, que vous soldoyerés cependant, attendant que j'en aye adverty monsieur de la Valette et qu'il aie ordonné sur l'entretènement d'iceulx, à ce dessus vous prie ne faire faulte sur peyne que où il en adviendra quelque chose au préjudice du service du roy à faulte de ce faire, je m'en prendray sur vous.

Le cappitaine La Salla, porteur de la présente, m'a promis s'amploïer pour vous et vostre assurance en ce qu'il porra. Je vous prie vous en ayder car il est gentilhomme bien fort zellé au service de sa Majesté, et s'il y a personne quy fasse reffeuz ou difficulté à faire lad. garde, en m'en advertissant je vous dorray moïen les bien chastier, et en cest endroict je prie Dieu vous donner sa grâce.

De Sainct-Girons, le xxviiie may 1574.

Vostre entiairement meilleur amy,

J[e]an DE BELLEGARDE.

A Messieurs de consulz de Castilhon.

2. — REQUÊTE DES CONSULS DE CASTILLON A JEAN DE LAVALETTE.

A Monseigneur, mon seigneur de la Valette, cappitaine de cinquante hommes d'armes et lieutenant général pour le roy au gouvernement de Guyenne.

Le conseulz et scendic de la ville de Castilhon, en vostre gouvernement et recepte du pays et comté de Comenge, vous remonstrent et supplient très humblement que estant led. pays circonvoysin des villes du Mas d'Azilz, le Carla, Lescure, Camarade, Mérigon et aultres fortz, tenus par les rebelles de la Majesté du roy, les habitans dud. Castilhonoys comme très humbles et houbéyssans subjectz et fidelles de sa Majesté ont despuys les trobles de ce royaulme deffendu et gardé lad. ville, pays et chasteau d'icelle apertenans à lad. Majesté et tenu en son hobéyssance, en quoy sont de bonne volonté et affectionnés persévérer et continuer ; touteffoys, que lad. ville, ensemble les vilaiges d'Angomer, Molins et Argulha, aud. Castilhonoys, ayant esté bruslés, sacquegés, tant leurs maisons que bestailh et bleds en gerbe, et plusieurs personnes tuées et massacrées, et aultres emprisonnées et rensonnées par lesd. rebelles, despuys le moys d'aoust dernier passé, et se fussent ilz saysis et emparés dud. chasteau ne eust esté la garnison de six soldatz que par mandemement du s[r] de Termes, governeur pour lors aud. pays en vostre absence y furent mys le premier jour de juing dernier passé, et despuys entretenus aux despens des suppliantz jusques que par vostre grandeur y seroict autrement ordonné, là où les pobres habitans despuys led. moys d'aoust sont constrainctz se retirer pour garentir leurs personnes de la puyssance desd. rebelles, tellement que pour raison desd. brulemens et sacquegements, et maux insupportables comys par lesd. rebelles journellement, lesd. habitans ne peuvent satisfaire à lad. garde que impositions des autres garnisons des villes et fortz

de lad. comté et sa recepte, esquelz par mandement et commission
de vostre grandeur ilz sont cotizés, et en oultre causant que
plusieurs personnes ont esté tués et massacrés, le nombre des
habitants de lad. ville n'est à souffizance pour faire la garde dud.
chasteau et ville, et que où les henemys et rebelles s'en empare-
roient, seroit la perte et ruyne de tout le pays et circonvoezins,
mesmes estans aux frontières et limites d'Espaigne, aussy les
pouvres habitans seulx quy ont esté pilhés, et bruslés leurs maisons
et biens, pour raison du peu de restes et arréraiges des cotisations
desd. garnisons sont emprisonnés et molestés par les treshouriers
de lad. recepte, n'ayant nul moyen de payer et satisfaire.

Ce considéré, plaira à vostre grandeur ordonner pour la garde
de lad. ville et chasteau, le nombre de 25 souldatz pour y estre
entretenuz durant les trobles aux despens du comté de Comenge
et sa recepte, que aussy la despence de la garnison desd. six souldatz, estre le tout esgalisé et desparty à la première cotization que
sera faicte sur lad. comté et sa recepte, suyvant les autres garnisons, et que led. tresorier attendra et sursoyera le peu de reste
qu'il y a, environ troys cens livres, sur lesd. habitans bruslés et
pilhés, jusques aux premiers Estatz pour lors estre lesd. restes
esgalisés sur toute la recepte; ou pour le moings compenser ycelles
à la despence fournie par lesd. habitans de lad. ville à lad. garnison, et néantmoings que les habitans de lad. ville et consulat
d'icelle seront constrainctz par ordre trebailher et soy truber à la
réparation desd. ville et chasteau pour la fortificassion y nécessère
pour estre tenne en plus grande asseurance et deffance contre lesd.
rebelles, et les supplians seront tenus prier Dieu pour vostre estat
et prospéritté.

SABATTÉ, consul.

3. — RÉPONSE DE J. DE LAVALETTE AUX CONSULS DE CASTILLON.

Les habitans de la ville de Castilhon et consulat seront cous-
trainctz travailler par ordre à la réparation de la ville et chasteau
comme leur sera commandé, à poyne de l'amende et de prison
pour chascune foys qu'ilz y faudront, et la solde de xxv soldatz
d'une part, et six d'autre, sera despartie sur tout le comté de
Comenge, à ces fins seront renvoyés aux premiers Estatz dud.

Comenge, par devant le juge dud. Comenge ou son lieutenant qui vériffiera, le procureur du roy appelé, la despence, impozera les deniers qui résulteront de lad. vériffication sur led. comté, et constraindra les [payer] comme [pour] les propres affaires du roy.

Faict à l'Isle-Jourdain, le ixe d'octobre 1574.

† *Sceau.*   LAVALETTE.

Par mandement dud. seigneur,   BAUFREMONT.

(États de Muret, 16 octobre 1574.)

LXXXI.

1574. — AVRIL.

PASSAGE DES COMPAGNIES A MONDAVESAN [1].

*A Nosseigneurs les gens des Troys Estatz du pays et comté
de Commenge.*

Supplient humblement les consulz et scindic du lieu de Monta-vezan que le pénultiesme jour du moys de décembre, la compaignie du très honoré sieur de la Valette, lieutenant de roy au pays de Guienne, en allant à la ville de Rieux contre les rebelles et sédicieux, seroyt passé aud. Montavezan et séjourné par une souppée et une disnée, et par les habitans dud. lieu administrés et fornys les vivres nécessayres tant aux gens de lad. compaignie que à leurs chebaulx, sans par les habitantz avoyr esté en rien payés, ny satisfaictz.

Et aux moys de feubvrier et de mars derniers la compaignie du s^{gr} Francisco d'Est, conduicte par le s^r de Lamessan en allant et revenant à la garnison, à la ville de Salies, seroyt passée aud. Montavesan et séjourné en deux foys, deux jours entiers, et par les habitans dud. lieu baillé et administré les vivres nécessaires tant des gens que de leurs chebaulx de lad. compaignie, et sans avoir rien payé, ny satisfaict aux habitans. Et au jourd'huy les supplians sont constrainctz payer à m^r le trésorier du pays la taille et cartier que a esté ordonné pour le payement de lad.

---

[1] Dans la châtellenie d'Aurignac.

compaiguie dud. s^r Francisco d'Est, que est une grand charge
insupportable par lesd. habitans qui ne peuvent encore payer les
deniers ourdinères, causant la grande poubretté qui est aud. lieu,
à cause des grandes compaignies que sont passées et séjournées
aud. lieu durant les troubles derniers.

A ceste cause vous plaise de vos grâces ordonner que les supplians seront rembourcés, etc...

Signé : Douget, consul dud. lieu.

(États de Muret, 2 avril 1574.)

LXXXII.

1574. — MAI.

REQUÊTE DES ÉTATS DE COMMINGES
A JEAN DE LAVALETTE.

Relative à la contribution du pays à l'entretien des garnisons. Nous
donnons en note les réponses ou « apostilles » du gouverneur de
Guyenne :

*A Monseig^r, Monseig^r de La Vallète, cappitaine de 50 hommes d'armes
des ordonnances du roy, et son lieutenant général au pays et gouvernement de Guyenne, deça la rivière de Garonne.*

Le scindic du compté de Commenge vous remonstre très humblement
que les grandes et insupportables charges dont led. pays auroict cy
devant, comme de présent, esté travailhé, mesmes de ceste année et
despuys le moys de novembre dernièrement passé, pour rayson des
garnisons qui ont esté, comme sont de présent, en toutes les villes et
partie des lieux dud. pays et de sa recepte mandés recevoir et tenyr
garnison, par mandement et commission de vostre grandeur, occasion
que tant du cousté de Garonne que Béarn et Bigorre led. pays est
limitrophe et voysin des rebelles au roy ; pour l'entretènement desd.
garnisons led. pays est en despence toutz les moys de 7.000 liv.
oultre les charges de vostre armée et de la monition des vivres, passaiges des compagnies, lesquelles charges et garnisons ilz ont portées
jusques à présent sans estre secoureus d'aultre pays, combien que lesd.
garnisons soient pour la deffence et garde de tout le général de la
Guyenne. Et n'ayant plus moïen de supporter lesd. garnisons à cause
que, pour icelles et aultres charges, led. pays est endebté à plusieurs,
ne pouvant satisfaire pour la grand' pouvreté et calamyté qu'est en
eulx : Plaise à vous, mond. seig^r, ordonner doresnavant lesd. garnisons

estre payées des deniers du roy, que led. pays luy paye, ou d'iceulx de vostred. armée, à tout le moings d'une partie desd. garnisons, telle qu'il vous plera ordonner, et pour ceste considération estre supportés et sollagés des aultres impositions de la guerre au général de la Guyenne[1].

Et pour ce que en vertu de la permission obtenue de vostre grandeur par le juge dud. Comenge, commissaire avec le procureur du roy et gens dud. compté, les impositions tant de vostred. armée, que celles desdites garnisons ont esté impousées pour les moys eschuz sur lesd. pays et sa recepte, comme il est accoustumé aud. pays, les habitants des Fittes, Affites, Puy de Rieux, La Peyre, Gaujagues, Estampures, de lad. recepte et aydes, soubz prétexte de certaine commission de garnison particullière que disent avoir obtenue de vostre grandeur, et déclaration de ne contribuer esd. garnisons, l'ayant obtenue par surprinse, et ne faire entendre qu'ilz sont aydes de lad. recepte à tous deniers, empeschent la recepte au recepveur dudit pays, de laquelle commission n'ont faict apparoir aucunement aud. juge et pays, comme il est accoustumé, pour estre faicte la vériffication de la despense raysonnable, avant estre mise en cottisation ou compensation.

A ceste cause plaise à vous, mond. seigneur, ordonner suyvant les permitions obtenues de vostred. grandeur et despartement dud. juge de Comenge, commissaire, que lesd. aydes seront constrainctz païer leursd. cottités, à la coustume, non obstant lad. prétendue commission, à tout le moings sans préjudice de leurd. commission de la fère cottizer par led. juge, à la première assemblée, comme les aultres garnisons dud. pays, faicte au préallable vériffication de lad. despence, comme de rayson, et le suppliant priera Dieu pour vostre sancté et prospérité[2].

B. Cabalby, délégué dud. pays.

[1] « Led. seigneur porte à grand regret la foule et despence des supplians, estant en singulière volonté les en descharger tout aussitôt que les affaires du roy le pourront permettre. Et cependant, pour ne donner surcharge aud. pays, à cause des deux compaignies de 70 h. chascune que avons ordonné en garnison ez lieux de St-Lézé et St-Girons, comme est particulièrement porté par lesd. commissions, ferons doresnavant payer par le trésorier de l'armée la somme de 648 liv. par moys, à quoy monte l'entretènement desd. compaignies suyvant nostre réduction et réglement, plus que le payement des six vingt hommes qui y estoient premièrement ordonnés sur le pays ».

[2] N'entendons l'effect des permissions par nous données aux supplians estre retardé, ny le despartement du Juge faict sur icelles soubz prétexte de la commission obtenue par ceulx des Fittes et aultres lieux dont en la présente requeste ; et les fraiz dont en la commission dud. lieu de Fittes et aultres seront despartis aux Estatz dud. pays en la forme accoustumée en pareilles charges.

Faict à Nérac, le premier jour de may 1574.

Lavalette.

⨁ (Sceau.)   Par mondit sieur,   Ducasson.

(États de Muret, 9 mai 1574.)

LXXXIII.

1574. — JUILLET.

LETTRE DU VICOMTE DE LARBOUST AU JUGE DE COMMINGES.

Il le prie de répartir sur l'ensemble du pays de Comminges les frais de la garnison établie au château de Bonnefont[1] :

Monsieur, la pauvreté des subiectz du baron d'Antin, mon pupille, adveneue par les grandes folles que par cy devant ont souffertes par le moyen des troubles et guerres, et la compassion de les voir journellement trainez par les commissaires et sergens pour les fraiz et despens des guarnisons de la comté de Comenge, sans aulcung respect de ce qu'ilz ont esté mangez et rongez jusques au plus fort de leurs os par les guarnisons stablyes au chasteau de Bonnefont de mesme authorité qu'icelles dud. Comenge, me faict vous prier qu'il vous plaise considérer la cause desd. guarnisons et fraiz des ungs et d'aultres estre semblables et mesme nature, et que par ce reguard la societté et fraternisation ancienne doibt estre guardée à la contribution desd. fraiz et despens respectivement souffertz et par les habitans dud. comté, et des Fittes et Affittes, et tant bien les fraiz des ungs que des aultres, imposez, esgualizés et despartiz sur toute la généralité dud. pays, ou que chacun souffre son mal particulièrement comme pourra, sans patir pour aultruy. Et comme ceste mesme raison auroict esmeu et induict mon^r de la Valette, lieutenant du roy, à l'ordonner ainsin, vous le mectiés à exécution sans difficulté, ne

---

[1] Il s'agit de Bonnefont d'Antin. Voyez à ce sujet : 1° requête des habitants des Fites, etc., à Jean de Lavalette ; 2° réponse de Jean de Borderia (Tholose, 20 juillet 1574), renvoyant les solliciteurs au lieutenant du roi en Guyenne, lequel doit entendre les dires du sindic Antoine Cambornac. — (États de Samatan, décembre 1574.) Dans une requête adressée au marquis de Villars, les États écriront en 1591 : « Et d'aultant que le s^r d'Antin... se licentie à demander establissement et rendre contribuables aulcuns des villages dudit païs à l'entretènement de sa préthendue garnison, mesmes les lieux de Lilhac et Monbernard, tasché néantmoingz d'invertir l'ordre ancien et desmembrer les lieux de Lapeyrère et Jumel deppendans d'Encausse, ayde aydante dud. païs, et à son invitation plusieurs aultres, mesme ceulx de Gimont, pour l'entretènement de leur préthendue garnison, ayant rendeu contribuable le lieu de Sainct-Sollan, deppendant dud. païs, etc... » — (États de Salies, avril 1591.)

reguarder aux insistances que les scindicz y pourroient faire, et
spérant que en chose si juste ne vouldriés fère doubte, moings
dénégation du debvoir de vostre estat, charge et commission que
le présent vous en porte, ne vous en feray aultre recharge, fors
pour vous supplier le [plus] promptement que faire se puisse
effectuer lad. commission et encliner à la grande nécessité dud.
porteur.

Supplie aussi Nostre-Seigneur, Monsieur, en longue santé et
vie heureuse vous donner contantement de voz désirs.

De La Peyre, ce xive juilhet 1574.

Vostre plus affectionné amy à vous faire service :

LARBOUST.

A Monsr, Monsr Borderiu. — A Tholose.

(Correspondance des États.)

LXXXIV.

1574. — DÉCEMBRE.

REQUÊTE DES ÉTATS DE COMMINGES A JEAN DE LAVALETTE.

Cette pièce expose la situation à laquelle les guerres, les impositions
et divers fléaux ont réduit les habitants du Comminges. La détresse
générale est dépeinte en quelques traits poignants, tel celui-ci : « Aiant
mis le paouvre peuple en désespoir qu'il n'attend qu'abandonner tout
et mourrir de faim, s'aiant vendeu ceulx qui y sont... jusques au plus
petit meuble de leurs maisons ».

*A Monseigneur de la Valette, chevalier de l'ordre du roy, cappitaine de
cinquante hommes d'armes, lieutenant général pour sa Majesté en
Guyenne.*

Les gens des Troys Estats du pays de Comenge assemblés du mandement du roy en la ville de Samathan, vous remonstrent très humblement que jaçoyt led. pays soit tellement apaouvry et ruyné tant par
l'extérilité des fruitz, famynes, passaiges de gens d'armes, charges et
impositions qu'ilz ont eu les années passées, que la plus part des habitans en sont au pain quérant, ayant abandonné leurs biens, laissé les
terres et labouraige sans culture, ce néantmoins ceste présente année
1574 led. pays auroit esté chargé et cottisé de charges, sommes grandes,
admirables, toutellement insupportables, et mesme de la somme de
57.566 liv. 11 s. 1 d. que de vostre mandement leur ont esté mises sus,

aux moys de mars et octobre, pour la soulde et vivres des compagnies qu'il vous a pleu lever en vostre dit gouvernement pendant ladite année.

Et ont de vostre mandement lesd. paouvres habitans, en cested. année, esté constrainctz de recepvoir la compagnie du seigneur don Franciscou d'Est, deux foys, qui a séiourné aud. pays et aux despens du paouvre peupple les moys de janvier, febvrier, mars et partie de juing et juilhet, lesquelz aussi par vos commissions et mandemens, le long de lad. année, ont à leurs particuliers despens nourris et soldoiés 350 souldartz arqueboziers pour la guarde des villes de Muret, Sainct-Lézé, Sainct-Girons, Salies, Sainct-Cristauld et le Plan, au long de la rivière de Garonne, pour l'entretenance desquelz a esté cottizé sur le pays, puis le commencement de ceste année, avec les gaiges des trésoriers et quelques fraiz menuz des assemblées et poursuictes, la somme de 49.193 liv. 18 s. 3 d.

Et davantaige, au moys de may dernier, de mandement de feu roy, sur led. pays auroit esté imposé pour la subvention que sa Majesté vouloit lever d'une armée, la somme de 10.000 liv. part et oultre la somme de 47.931 liv. 4 s. 5 d. pour les tailles ordinaires du roy, talhou, crue, gaiges des recepveurs, visse-séneschal, présidiaulx, subcide du vin, vocault de Baionne, montant toutes lesd. parties acumulées à la somme de 169.533 liv. 19 s. 7 d. t. que led. paouvre pays a esté chargé despuys le moys de janvier dernier.

Auquel, oultre ce, en mesme temps, luy est adveneu aultre surcharge, car ayant le seigneur de Benque receu commission de vous mond. sieur, auroit faict lever une compagnie de 50 arquebosiers à cheval, au lieu de la Vernouse, laquelle compagnie led. sr de Benque mist le 25e jour du moys de juing dans Sainct-Julien, où a demeuré despuis et vescu jusques à présent sur les paouvres habitans et despendeu 8.000 l. t.

Semblable et plus grande despence a faicte la compagnie du cappitaine Aulon despuis led. temps en la ville et chastellenie d'Aurignac sur laquelle, oultre les susd. charges, a esté cottizé particulièrement pour l'entretenance de lad. compagnie la somme de 9.000 l. t.

Oultre ce, il vous auroit pleu envoier les compagnies des cappitaines d'Aulon, Fortaiges et Bossan aud. pays, lesquelz y ont demeuré envyron six sepmaines et despendeu, comme a esté vériffié sur le compte du commissaire des vivres ordonné par de Benque, 3.000 liv. oultre les despences et folles particulières faictes par les souldatz, charges insupportables, aiant mis le paouvre peuple en désespoir qu'il n'attend qu'abandonner tout et mourir de faim, s'aiant vendeu ceulx qui y sont encores pour satisfaire ausd. charges, jusques au plus petit meuble de leurs maisons.

Et encores maistre Jehan Sererio, recepveur général de vostre armée, prétendant avoir fourny 900 sacz de bled et 60 pipes de vin pour vostre dite armée, en vient resercher et faire demande ausd. paouvres habitans, ce qu'il ne peult faire. Car vous plerra, mond. sieur, remémorer que de la somme de 200.000 liv. cottizée sur vostre gouvernement au moys de mars pour la souldc et vivres de vostre armée sur led. pays et recepte de Comenge, en feust cottizé 28.768 liv. 15 s. 7 d., lesquelles ont esté réallement payées aud. Sererio, lequel par contract faict avec le scindic dud. pays se debvoit payer sur lad. cottisation de ce qu'il fourniroit pour lesd. vivres, pour lesquelz, suyvant vostre dite commission, leur cottisation auroit esté faicte, car aussi l'intention du roy et vostre n'a esté jamais que le peuple paye la souldc et norrisse les soldartz d'allieurs. Comme aussi feust arresté à l'assemblée de lad. ville de Beaumont et est pourté par le texte et parolles de vostre commission en vertu de laquelle lad. cottisation a esté faicte, qu'a esté cause que led. pays de Comenge n'a cottisé, ny payé que lad. somme de 28.700 et tant de livres pour la solde de vostre dite armée.

Et d'allieurs reserche autre surcharge led. Selerio sur led. païs, que jaçoit il soit esté payé des gaiges de deux liards pour livre pour la recepte génerallc de lad. imposition, vouldroit il néantmoins faire estat d'autre recepte particulière desd. deniers sur led. pays de Comenge aux gaiges de 6 deniers pour livre, en vertu d'autre particulière commission qu'il dict avoir obtenue de vous, mond. sieur, laquelle le pays n'auroict volue accepter pour ne mettre sur led. peuple charge sur charge, ayant contracté de long temps avec Mr Jehan Pouget et constitué gaiges, suyvant le privilliège du pays, pour faire la recepte particulière de toutes les impositions, et mectre les deniers entre les mains du recepveur du roy, et d'autre foys ayant M. l'admiral pour semblable cottisations despêché telles commissions particulières, ne les ayant le pays volcu recepvoir, led. s^r admiral, ouy le scindic du pays, auroict révocqué lesd. commissions.

A ceste cause, provoiant à l'indempnité du peuple tant affligé, vous supplient très humblement et que lesd. habitans ont payé ce qu'ilz ont esté cottisés pour la souldc, qu'ilz demeureront quites desd. vivres pour lesquelz lad. cottisation a esté faicte, comme par le texte de vostre dicte commission, procès verbal et contract est pourté. Et si led. Sererio a rien fourni pour raison desd. vivres, qu'il s'en rembource sur lesd. deniers. Et d'autant que lad. commission particulière n'a esté receue, ny les deux liardz cottisés sur led. corps de Comenge, vous plaise aussi déclarer que lesd. habitans demeureront quictes desd. gaiges du recepveur particulier, pour ne, par ung mesme faict et en mesme pays, faire troys recepveurs de mesmes deniers [1].

Et de tant que les compagnies du seigneur de Benque, des cappitaines d'Aulon, Simourre et autres qu'il vous a pleu establir aud. pays de Comenge sont des trente compagnies retenues et ordinaires à gaiges soldoiées aux despans du pays, des deniers y imposés pour raison de ce

---

[1] R. — « Led. de Sererio sera appellé pour respondre sur cest article, pour luy ouy, y pourvoir ainsi qu'il appartiendra. »

au moys d'octobre passé, aiant touteffoys aux despens du paouvre peuple vescu jusques icy[1], vous supplient aussy ordonner que desd. deniers imposés sur led. pays, sera retenu pareille somme que monteront les vivres qui se trouveront avoir esté fournis ausd. compagnies, vous suppliant de faire retirer la compagnie du cappitaine Aulon estant en la chastellenie d'Aurignac, et autres que sont en lieux hors de danger, et loing des ennemys, ne servans que de ruyne au peuple.

Et pour ce qu'ausd. habitans leur est impossible de pourter plus si grandes charges, et que de les continuer seroict toutellement les mectre en désespoir et les constraindre d'abandonner tout le pays, de quoy pourroict advenir dangers et inconvéniens très dommageables et pernicieux[2], vous supplient lesd. Estatz de ne continuer lesd. charges sur led. pays et mesme la soulde desd. trente compagnies d'infanterie et quatre de cavallerie, laquelle revient aud. pays de Comenge, ainsi qu'a esté faict, à 115.000 liv. pour an[3].

Et pour ne surcharger le pays, d'autant que le lieu de Lescure, une partie de la vicomté de Couserans, Sainct-Sevé de Rostain et plusieurs autres lieux dud. pays et recepte de Comenge sont tenuz et occupez ou ruynez par les ennemys, ensorte qu'il est impossible de lever ung seul denier des impositions qui sont mis sus, et ce néantmoins au despartement général qu'a esté faict de lad. soulde led. pays de Comenge a esté chargé au soul la livre, et au fur de la tailhe, sans en rien distraire du fons desd. lieux occuppés et ruynés, vous supplient aussi très humblement enioindre aux recepveurs desd. impositions de prendre la cottisation desd. lieux pour deniers contens et non receuz, ou desduire desd. impositions autant moins audict pays, attendeu qu'elles sont faictes par mendement du roy et de vous mond. seigneur, et que toutes les autres villes et lieux contribuables aux tailhes ordinaires dud. pays seront constraintz de satisfaire le reste au fur de la tailhe, et lesd. gens des

---

[1] R. — « Les vivres que les compagnies retenues auront prins des particuliers des villes, ès moys de novembre et décembre, seront payés à la raison du règlement par nous faict à la première monstre qu'elles feront, enjoignant au trésorier de l'extraordinaire, de, en faisant lesd. monstres, sur la bancque faire led. payement et remborcement, à peyne d'en respondre en son propre et privé nom. Et quant à retirer la susd. compagnie d'Aulon, le service du roy ne le peult permettre pour le présent. »

[2] R. — « Pour soulaiger le pays de telle charge, il en a esté escript au roy pour y subvenir, et veue sa volonté il y sera pourvu ainsi que sa Majesté commandera ».

[3] R. — « Il est nécessaire que l'imposition faicte soict payée pour l'entretènement des compagnies retenues, pour éviter qu'elles ne vivent à discrétion sur le peuple, le reste du pays satisfera pour l'occupe pour ceste foys, sauf leur estre pourveu sur leur remborcement ainsin que l'on verra avoir le moyen, et pour l'advenir, en cas de nouvelle ou continuation d'imposition, avant icelle fère, sur la requeste que le scindic du pays présentera, si bon luy semble, luy sera donné contentement ».

Estatz et peuple du pays seront tenuz de prier Dieu pour vostre saincté et prospérité.

> M. de SABONIÈRES. — De CAPARTIGAU, *vicaire général.* — ASSIER, *consul de Lysle.* — JEHAN de Lambez. -- JEHAN de Comenge. -- De RIVIS, *consul de Samathan.* — DU CASSÉ, *consul de Muret.* — RICARD, *pour Fronsac.* — BARUÉ, *consul d'Aurignac.* — BÉCANNE, *scindic de Saint-Julien.* --- J. GARIO, *consul de Lumbès.* --- De BENNA-BENT, *pour Baignères.* — B. CABALBY, *scindic de la vicomté de Coserans.* — BERNÉS, *consul de Sainct-Gyrons.* A. MAUHÉ, *scindic des villayes.* — De SORS, *consul de Castilhon.*

De mandement de toute l'assemblée :

> J. BERTIN, *greffier desd. Estatz.*

[Articles ajoutés.]

Et de tant que les consulz d'Aurinhac et Sainct-Martoire font demande ausd. Estatz de grand'sommes de deniers pour, comme ilz disent, les avoir fournies à la compagnie dud. capp^ne Aulon et pour cent hommes, bien que le sieur de Benque, par sa lettre, aye certiffié ausd. Estatz n'avoir que quinze ou seitze hommes, vous plaise auparavant que lesd. Estatz fassent led. remborcement, que iceulx vériffieront icelle despence sur le nombre des soldatz, ouy led. s^r de Benque et capp^ne d'Aulon, pour le soulaigement dud. pays [1].

Que les Fittes et Refites sont de la recepte dud. Comenge et à ycelluy contribuables à tous deniers ordinaires et extraordinaires, si est ce pourtant que les consulz de Trye, ou scindic de Rivière, les cottisent à leur descharge ausd. despartemens extraordinaires, tellement qu'ilz en sont apaouvris, contribuant en deux lieux, à ceste cause plaise vous ordonner que l'une recepte ne entreprendra l'une sur l'aultre, ains que chescune se contiendra sur ses bornes, et, ce faisant, que ceulx desd. Affites contribueront seulement aud. Comenge et non ailleurs.

> D. PONTIC, *scindic de Comenge.*

Ces présens articles ont esté par nous lieutenant du roy soubsigné respondus ainsi qu'est porté par les postilhes y escriptz, auxquelz sera obéy.

Faict à Lisle-Jordain, le XIXe décembre 1574.

> LAVALETTE.

Par mondict seigneur : BAUFREMONT.

⁜ (*Sceau.*)

(États de Samatan, 15 décembre 1574.)

[1] R. — « La despence y mentionnée sera vériffiée en l'assemblée des Estatz dud. pays en ce qui regarde la fraude alléguée de n'avoir faict le service entier de cent hommes, ouy led. s^r de Benque et appelé le capp^ne Aulon et autres qu'il appartiendra, et par nous y sera porveu ».

LXXXV.

1574. — 1575.

Lettres de Jean de Lavalette.

1. — Lettre aux sindics du pays de Comminges.

Messieurs, pour ce que l'urgente nécessité de la guerre constraint faire imposition de deniers et vivres sur mon gouvernement, je vous ay volu escripre ceste présente à ce que pour le service du roy et bien vostre, vous veniés ou envoyés en la ville de Beaumont dimanche prochain que sera le quatorziesme de ce moys pour acister au despartement et prendre vostre part, pour, à toute diligence, l'apporter où vous sera commandé pour le service de sa Majesté. Si vous avés des despartemens cy devant faictz pour mesmes affaires, vous les apporterés avecques vous pour estre plus promptement procédé. Et priant Dieu, Messieurs, qui vous tienne en sa garde.

De l'Isle, ce sixiesme de mars 1574.

Votre serviteur : LAVALETTE.

A Messrs, Messrs les Scindicz de Comenge, Pontic. etc. — A Samathan.

(États de Samatan, mars 1574.)

2. — Lettre aux Consuls de Muret.

Messieurs les Consulz. — De tant qu'il nous convient vous faire entendre affaire qui importe le service du roy, ne ferés faulte de vous rendre en la ville d'Auch le xxvie de ce présent mois pour résoldre sur ce qui vous sera proposé, à quoy ne ferés faulte, priant Dieu vous donner sa gràce.

De Bouloigne, ce 19 d'avril 1574.

Vostre bon amy : LAVALETTE.

A Messieurs les Consulz de Muret. — A Muret.

(Correspondance des consuls de Muret. — Suscription et signature autographes.)

Au vu de cette missive, les consuls de Muret déléguèrent Raymond Ducasse vers Lavalette. Ducasse rapporta plus tard aux États qu'il « se seroit acheminé et randeu à la ville de Condom, où led. s^r de Lavalette estoit, lequel l'auroit commandé le suivre jusques à la ville de Nérac et illec avant déterminer de quoy estoit question auroict congédié led. Ducasse ». — (États de Muret, 7 novembre 1574.)

3. — Lettre aux États de Comminges.

Messieurs. J'ay esté adverty par monsieur de Sererio que vous ne l'avés encore ramborcé des neuf cens sacz de bled et soixante pippes de vin qu'il a fornis pour le pays de Comenge, suyvaut le contract passé entre les scindicz et depputez dud. pays et luy. En quoy je porte et endure beaucoup de intérestz, dont je suis marry d'autant qu'il a employé lesd. vivres par mon exprès commandement et pour le service urgent de sa Majesté. Qu'est cause que je vous prye bien fort de luy faire rayson le plus promptement que pourrez, et ce faisant, oultre que j'en recevray ung grand plaisir, vous luy occasionnerés de faire pour le pays tout ce qu'il pourra lors qu'il en aura moyen[1].

Je suys aussi adverty que vous avez cottisé à la dernière imposition ceulx de Saint-Sever et aultres qui n'out moyen de satisfaire pour les foules qu'ilz ont endurées, à quoy vous remédierés de bonne heure afin que les gens de guerre soyent payez selon l'estat qui en aura esté fait, vous asseurant que s'il y a rien qui ne se puisse lever, je le vous feray compter et desduire sur les compaignies que led. pays entretieut, et sur ce je prie Dieu vous donner, Messieurs, ce que désirés.

De Lisle-Jordain, ce xiie décembre 1574.

Vostre bien bon amy : Lavalette.

[1] Sererio ne s'était pas contenté de réclamer auprès de J. de Lavalette. A Jean de Borderia il avait écrit : « Monsieur. Vous avez cy-devant entendu comme j'avoys payé et avancé pour le scindic de Comenge 900 sacz de bled et 60 pippes de vin suyvant le contract passé entre les scindicz dud. pays et moy, lequel bled et vin ils m'avoient promis et s'estoient obligez me satisfaire il y a long temps, de quoy ilz n'ont rien faict, dont je me trouve fort en arrière en mes affaires comme vous pouvez estimer, et parce que je sçay que vous pouvez beaucop pour me fére fére rayson, je vous supplie, Monsieur, m'y voulloir ayder à la charge que le bien que je recevray en cest endroict par vostre moyen, je le recognoistroy en tous endroictz où j'auray commodité de vous faire service, en quoy je seray aussi prompt et affectionné comme je désire estre humblement recommandé à vostre bonne grâce, priant Dieu vous donner, Monsieur, longue et heureuse vye.

« De Beaumont de Lomaigne, ce xiiie décembre 1574.

« Vostre bien humble et obéissant serviteur : J. Sererio.

« A M. de Borderia, conseiller du roy et juge ordinaire de Comenge. » — (États de Samatan, 15 décembre 1574.)

A Messieurs, Messieurs les depputez des Estatz du pays et comté de Comenge.

(Suscription et signature autographes. — États de Samatan, décembre 1574.)

4. — LETTRE AUX ÉTATS DE COMMINGES.

Messieurs des Estatz du pays et comté de Comenge.

Les habitans du lieu de Sainct-Thomas sont venus me présenter requeste pour estre remborcés des despences qu'ilz ont faictes pendant ces guerres pour la difficulté qui leur y est faicte sur le remborcement et tout ainsi qu'il est contenu en la requeste conterollée, et pour ce que j'ay advisé que le plus prompt et meilheur remède, et pour esviter à longz fraiz et despans, les réunyr à vostre assemblée prochaine, je vous prye ne failhir les entendre, recepvoir toutz les rolles qu'ilz vous bailheront desd. despences, icelles imposer et asseoir sur le général pour après leur remborser comme ilz en ont bon besoing attendu leur ruyne et povretté, mesmes des compagnies du s^r dom Francisco d'Este et cappitaine Peyrigué suyvant le despartement faict par le commissaire sur ce depputé, et m'asseurant ne ferez faulte, je prye Dieu vous avoir, Messieurs des Estatz, en sa saincte et digne garde.

De l'Isle-Jordain ce xiiie décembre 1574.

Vostre bien bon amy : LAVALETTE.

A Messieurs, Messieurs des Estatz du pays et comté de Comenge.

(Suscription et signature autographes. — États de Samatan, décembre 1574.)

5. — LETTRE AUX ÉTATS DE COMMINGES.

Messieurs. Veu le contenu de vostre lettre, je vous diz que je n'ay cy-devant eu en considération la despance que a esté faicte par les gens de guerre ez villes et lieux de ce gouvernement en passant ; mais seulement ce que a esté despendu par les cappitaiues et leurs soldatz dressant les compaignies et quy ont esté mis en garnisou, dont si vostre assemblée a trouvé quelque bon expédiant pour ne entrer en question de toutes menues folles et despances que la misère de la guerre n'en apporte, sans oppresser les ungs et solaiger les aultres, je le trouvarey tout jour bon, car sur toutes choses je désire que les subiectz du roy soyent en reppoz en tant que son service le permet. Et en observant cet ordre je garderay que par mes ordonnances il ne sera interrompu.

Qu'est l'endroict que je prye Dieu le créateur, Messieurs, que vous donne sa saincte grâce.

De l'Isle-Jourdain, ce xx1ᵉ décembre 1574.

Votre très obéissant et [affectionné] amy à vous servir :

LAVALETTE.

A Messieurs, Messieurs les gens des Estatz de Commenge.

(Suscription et signature autographes. — États de Samatan, décembre 1574.)

6. — LETTRE AUX SINDICS DE COMMINGES.

Messieurs, vous savés que l'imposition qui a esté faicte au moys de mars dernier estant destinée pour le paiement des gens de guerre ez moys d'apvril, may et juing, il y a cinq moys passés que j'ay faict tout ce qu'il m'a esté possible de les contenter sans que, pour raison de ce, il ait esté faict imposition sur vous, combien que le roy eust ordonné il y a longtemps qu'il seroyt prins et levé sur les riches de mon gouvernement la somme de cent cinquante mil livres pour leur paiement. Si est ce que j'ay tenu la main à tout ce qu'il m'a esté possible pour esviter lad. imposition pensant que ces misérables troubles prinsent quelque fin. Toutesfois estant chose à moy impossible d'entretenir des gens de guerre comme il est besoing pour la garde et conservation de votre province sans les païer, ou bien les licencier pour vivre à discrétion, ce que je seray constrainct faire, à mon très grand regret, si vous ne païés ce qu'est venu à vostre part de lad. somme de cent cinquante mil livres, suyvant l'intention du roy, laquelle pourrés voir par ses dernières patentes que sa Majesté a faict expédier pour c'est effect.

A ceste cause je vous prie et néantmoingtz ordonne que vous ayés à assembler en la ville de Samathan pour conférer ensemble et vous résouldre du paiement dud. emprumpt, lequel ne pouvés esviter, et députerez telles personnes que adviserés pour se rendre en la ville de Gymont, le xxᵉ jour de ce moys, là où se trouveront les aultres scindicz et députés des provinces de mon gouvernement, pour conférer et adviser, estans tous ensemble, le meilleur expédient que faire se pourra pour le payement desd. gens de guerre et pour vostre solagement, et m'asseurant en tant que vous aymez le service du roy et le bien de vostre province, vous ne faudrés de vous rendre aud. jour et lieu, où Dieu aydant je ne faudray me trouver pour vous y faire tout le plaisir que je pourray, lequel je prie, Messieurs, vous avoir en sa saincte garde.

De Gymont, ce VIIIe décembre 1575.

> Vostre bien bon amy : LAVALETTE.

A Messieurs les scindicz de Comenge, à Samathan.

(Correspondance des États. — Signature autographe.)

LXXXVI.

QUEL JOUR EST MORT HECTOR D'OSSUN ?

La date de la mort de l'évêque de Saint-Lizier, Hector d'Ossun, est débattue dans une note des *Huguenots en Comminges* (1re série, p. 93). De quelques lignes d'un document coté « janvier 1574 », il semblait ressortir que le décès du courageux prélat avait dû se produire un peu avant cette époque. Cette hypothèse doit être tenue pour erronée. Elle nous a valu une juste remarque de M. le baron de Bardies, très au courant du passé couseranais :

« La *Gallia* fixe la mort d'Hector d'Ossun au 21 septembre 1574. Ce recueil se base sur l'épitaphe existante lors de l'impression, et cette épitaphe est très claire. Comment admettre que les chanoines de Couserans, contemporains d'Hector d'Ossun, eussent toléré une erreur aussi frappante du lapicide ?... L'abbé Dargein, dans le *Couserans ecclésiastique*, rapporte que notre évêque testa le 14 septembre 1574, devant Michel Ribairan, à Saint-Lizier. Comment expliquer cette contradiction ?... » — Peut-être par une maladie grave qui, dès janvier 1574, avait laissé croire et dire que le prélat était décédé; ou mieux, par une erreur de la cote de notre document muretain.

LXXXVII.

1576. — JANVIER.

PRISE ET DÉLIVRANCE DE SAINT-GIRONS EN COUSERANS.

Au dossier déjà publié sur cette intéressante question, nous joignons diverses autres pièces extraites soit des archives des États de Comminges, soit des archives de la ville de Toulouse[1] :

[1] Voy. *Hug. en Comminges*, Ire série, p. 94, et baron de BARDIES, *Prise de Saint-Girons par le sire d'Audou, en 1576.*

1. — Contribution de la ville de Toulouse a la délivrance de Saint-Girons.

Contract passé entre Mrs *de Cappitouls de Tholose et sindic, avec les sindicz des pays de Cumenge et Coserans, pour raison des pouldres et boulletz à eulx baillés.*

Comme ainsin soit que les ennemys de Dieu et du roy, despuys peu de jours en sa[1], ayant prins et invadé la ville de Sainct-Gyrons en Coserans qui est à l'entrée du pays d'Espaigne, limitroffe du royaulme de France, estant assize entre deux rivières sur lesquelles l'on conduict tant le boys à bastir que à chauffer, en Tholose, et d'ailleurs les provisions de chairn, tant de bœufs que mothons estoient prinses de ces cartiers pour l'entretènement et nourrissement de lad. ville, qu'est une perte inestimable, et d'aultant qu'il[s] se jactent, avec l'intelligence qu'ilz ont, de surprendre les villes de Saint-Lézé, Castillon, Aspect, et de toutes les autres villes qui sont près des mons Piranées, et se rendre maistres de tout le pays de Cumenge et ruiner le demeurant de la Gascoigne jusques à Tholose.

Et pour obvier à leurs entreprinses et leur coupper chemyn, les habitans des diocèses de Coserans et Cumenge auroient envoyez en Tholose le sieur de Lasseguan, commandant pour le faict des armes au pays de Gascoigne, le s[r] de Lamesan, sindic de la noblesse de Cumenge, le s[r] de la Yslaire [Yllère] et les sindicz desd. pays pour faire la remonstrance de ce dessus tant à la cour de Parlement, à m[r] le seneschal et gouverneur pour le roy en la ville et séneschaussée de Tholose, en l'absence de m[gr] de Joyeuse, aussi lieutenant pour sa Majesté, et à m[rs] les cappitouls estans assemblés en conseil de ville, les requérant leur vouloir estre aydans et secourables au recouvrement de lad. ville de Sainct-Girons, et chasser les ennemys hors d'icelle, et vouloir fournir artilerie, pouldre, boulletz et autres munitions nécessaires pour le faict de la guerre, à l'imitation de ce que

[1] Nous avons déjà écrit que la ville de Saint-Girons fut prise le 8 janvier 1576. Un passage des remontrances du trésorier de Comminges aux États tenus à l'Isle-en-Dodon, en avril 1576, confirme cette date : « Dès le huictiesme jour du mois de janvier, les ennemis se seroient emparés de la ville de Sainct-Girons », etc.

ceulx de Coserans et de Cumenge auroient secoreu la ville de
Tholose aux premiers troubles pour chasser ceulx qui l'avoient
surprinse et invadée, et sur ce, l'affaire mys en délibération tant
avec messeigneurs le premier président, de Cornusson, séneschal
et gouverneur de Tholose, et aussi avec le conseil de la ville,
considéré le peu de munitions pour le faict de la guerre que lad.
ville a pour le présent, et le désir que les habitans d'icelle ont
de faire service au roy et ayder ceulx de Coserans et Cumenge
pour les mectre hors des mains des ennemys, auroict esté délibéré et arresté que soict fourny pour lad. ville soixante quintal
pouldre fine, au prix de 55 liv. quintal, et de boulletz à l'équi-
pollent, au prix le quintal desd. bolletz de... [*en blanc.*]

Quant à l'artillerie, elle seroict baillée aud. s^r seneschal aux
conditions portées par les délibérations de la maison de ville, et
à la charge que les sindicz desd. pays seroict tenuz s'en obliger
envers m^rs de cappitoulz et sindic de lad. ville, tant à leur nom
propre et privé, et néanmoings de bailler nominateur en Tholose
de payer lesd. munitions dans quatre moys prochains, à compter
du jour et datte de la passation du contract, ou bien rendre
pareilles et semblables munitions que celles qui leur seront desli-
vrées et de la mesme bonté, ou rendre celles qui leur seront
baillées, si sont en nature au temps, tellement que ne reste à
présent que passer l'instrument d'obligation.

A ceste cause, ce jourd'huy, 24e jour du moys de janvier 1576,
en Tholose... ont esté présens... noble Bernard de Lamesan...
François de Polastron... sindicz de la noblesse du pays et comté
de Comenge, Me Dominique Pontic et Anthoine Cambornac,
sindics du Tiers-Estat dud. Comenge, Me Bernard Cabalbi, sindic
de Coserans, Jehan Dufourc, capitaine et consul pour la ville et
chastellenie de Saint-Mathan, sire Ramond du Casse, pour la
ville et chastellenie de Muret, Jehan Ansan, consul, pour la ville
et chastellenie de l'Isle-en-Dodon, Jehan Sabi, consul, pour la
ville et chastellenie d'Aurinhac, Dominique de Bodéac, sindic,
pour la ville et chastellenie de Saint-Julien, Arnaud Dufraisse,
consul, pour la ville et chastellenie de Castilhon, Pierre Vitalis,
sindic de Saint-Lézé, Me Laurent Assier et Pierre Thoron pour
Saint-Girons, et sire Jehan Bordes, du lieu de Prat, lesquels

confessent devoir au sindic de Tholose 9170 liv. pour pouldre, et
207 boulets, etc... [1].

(Arch. municip. de Toulouse : AA20. — 118.)

Aux États tenus à l'Isle-en-Dodon, le 25 avril 1576, Corbon de
Lasségau remontra : « La guerre estre plus fréquente qu'ès aultres
années et que pour reprendre la ville de Maubesin tant luy que M[r] le
seneschal de Tholose ont arresté y conduire le canon et les munitions,
pouldres et bouletz qu'ilz ont empromptez à Tholose, toutesfois, eulx
deux seuls se seroient obligés, par quoy requiert le païs s'en obliger
aussi... Accordé que le païs de Comenge passera obligation avec le païs
de Rivière-Verdun, Astarac et Armaignac, l'Isle-Jourdain et les
Quatre-Baronies pour les poldres et admonitions de l'artilherie pour la
reprinse dud. Maubesin et aultres lieux, à la charge que d'illec sera
conduict à Sainct-Girons pour la reprinse d'icelluy, de quoy lesd. s[rs] de
Lasségan, sénéchal, et de Joyeuse seront priés, et à la charge que les
habitans payeront et contribueront illec par mesmes moyen. » — En
mars 1576, Blaise de Monluc ordonna « que les garnisons ordonnées en
Guyenne seroient entretenues, mesme celle du s[r] de Lamezan... celles
des cappitaines Le Blanc, Molins et Saboulliès estantz ès envyrons de
Sainct-Girons et lieux de Sainct-Lizier et Villefranche, et par exprès
enjoinct et commandé de les y entretenir et souldoyer jusques à ce que
le canon y puisse aller avec une bonne armée pour tirer l'ennemy dud.
Saint-Girons [2] ».

2. — Lettre des États de Comminges a Bernard de Lamezan.

Monsieur. Nous avons entendu par le gentilhomme qu'avez
envoyé le bon et honorable devoir qu'avez faict en ce pays de
hault [3] et vous prions bien affectieusement de voloir continuer
attendant l'arrivée de m[r] le seneschal de Tholose, gouverneur de
ceste ville de Tholose en l'absence de m[r] de Joyeuse et s[r] de
Lasségan, mareschal de camp, qui ont arresté incontinent partir
avec douze cens arquebosiers des compaignies dud. s[r] seneschal,
messieurs de Gramont et Sainct-Supplice, tout ce que pourront
assembler avec les canons, pouldres et boletz, et cependant on

---

[1] Document indiqué par M. Alphonse Vignaux, ancien archiviste de la ville
de Toulouse.

[2] États de l'Isle-en-Dodon, 20 mars 1576. C'est un peu avant cette date, qu'à
des États (d'Armagnac ?) tenus à Fleurance. Monluc avait reçu Dominique
Pontic, délégué du Comminges, et avait répondu à des « articles » que ce pays
lui avait soumis. Il prit alors la décision transcrite ci-dessus au sujet de la
garnison de Saint-Lizier et du siège de Saint-Girons.

[3] Cf. *Hug. en Comminges*, 1re série. p. 102. note.

pourroit faire magasin de vivres à Sainct-Lézé pour rabituer [*ravitailler*] ceste armée.

Qu'est tout ce que pouvons escripre, nous recommandant, etc.

Vos bons amis et serviteurs :

[*Les gens des États de Comminges.*]

Cote : Minute de lettre missive envoyée au s^r de Lamesan.

(Copie. — États de Muret, avril 1576.)

3. — « ARTICLES » PROPOSÉS AUX ÉTATS PAR JEAN DE BELLEGARDE,
S^{gr} DE TERMES, AU NOM DE D'AUDOU.

Document simplement analysé dans la première série des *Huguenots en Comminges* (p. 100), et dont le texte intégral nous a été demandé :

Premièrement est accordé qu'on donne au s^r d'Audou pour la reddition de la ville de Sainct-Girons la somme de... [*en blanc*], moyennant laquelle il layssera lad. ville aux conditions contenues ez articles suyvans :

Oultre plus est convenu et accordé que les habitans de lad. ville que sont de la Religion jouyront paisiblement des biens qu'ilz ont dans la ville et jurisdiction d'icelle, par vente ou arrentement d'iceulx, sans estre aulcunement empêchés par les garnisons, ny habitans du païs, et que respectivement les catholicques qui ont biens hors la ville et en lieux où ont pouvoir ceulx de lad. Religion, jouyront de mesmes que les susditz, ce que réciproquement sera promis et solempnellement observé.

Pacte aussi que les monitions de guerre qui sont dans lad. ville pourront estre emportées par led. s^r d'Audou où bon luy semblera.

Est accordé d'abondant que lad. somme promise sera payée aud. s^r d'Audou ou à celluy de qui il aura charge, en la ville du Mas d'Asilz ou du Carla. Que pour assurance de la somme aud. s^r promise on bailhera au pouvoir du s^r de Termes hostaiges souffizans, pour le regard de laquelle led. s^r de Termes respondra de payer au terme que sera arresté.

Et en ce que concerne le magasin et aultres biens que sont en lad. ville comme grains, vins, linges, draps, estaing, fer, laton, cuyvres et aultres, seront rendus aux habitans de lad. ville ou général du pays, comme sera accordé entre eulx, ne seront toutes fois en ce comprins les meubles des maisons des catholicques desquelz l'hoste, l'hostesse, barletz [*valets*] ou chambrières sont demorez ès maisons et de qui ilz auront raporté du service [*sic*], ains demeureront esd. maisons pour estre rendus à leurs hostes.

Sera tenu led. s^r d'Audou laisser en lad. ville toute espèce de métal contenu soubz le nom de bronze, comme cloches entières et en pièces, et potz de métal.

Pour le regard de ne faire la guerre de lad. ville en hors à ceulx de la Religion, cella demeurera soubz le bon vouloir du roy, ses lieutenans et la cour de parlement de Tholose, de quoy sy le païs est authorisé leur sera faicte promesse laquelle ilz feront aussi réciproquement. Pacte aussy que six gentilshommes accompagneront les tropes que sont en lad. ville jusques près la ville du Mas-[d'Azil] pour plus grande asseurance.

Cote : *C'est la mémoire que le seigneur de Termes appourta à l'assemblée des Estatz pour tirer l'ennemy de Sainct-Girons.*

(États de Muret, mai 1576.)

4. — Requête des Jacobins de l'Isle-en-Dodon.

A vous Messieurs tenant les Estatz en la ville de l'Isle-en-Dodon.

Supplie humblement le sendic du couvent de l'Isle-en-Dodon que est ung des quatre mendians, déteneu en grant praubeté et mysère, causant que aujourd'huy les grands troubles que sont en la comté de Comenge empechient au suppliant et religieux de mendier en tout le temps de l'année, que est cause que le suppliant et religieux morent presque de faim, joint aussy que le suppliant a retiré dans led. couvent deux religieux du couvent de Sent-Girons, et que aujourd'huy le comté de Comenge ne voldrèt andurer que les mendiens qui prient Dieu pour vos Estatz vinsent en plus grande praubeté.

Ce considéré, vous plerra de vos grâces ordonner quelque amoyne pour le honneur de Dieu au suppliant et néanmoins [ordonner] à votre trésorier luy bailher telle aumoyne que par vous sera avisée, et le suppliant contineuera de prier Dieu pour vos Estatz, et ferés bien.

F. BEQUET, suppliant.

(États de l'Isle-en-Dodon, avril 1576.)

5. — REQUÊTE DES CONSULS DE PUYMAURIN.

*A vous Monsieur de Lassegan, chevalier de l'ordre du roy,
lieutenant pour sa Majesté au pays de Gascogne.*

Supplient humblement les consulz, manans et habitantz du lieu de Puymaurin, membre dépendant de la chastellenie de l'Isle-en-Dodou, que dernyèrement par vostre ordonnance auroyt esté commandé fayre munytion de pain et de vin par les habitantz de toute la chastellenie pour contribuer au camp de la ville de Sainct-Girons, et que les supplians obéyssans à vostre ordonnance auroient faict leur devoir et levé les vivres... touteffoys attendeu vostre mandement seroient venu loger aud. Puymaurin... les compaignies de... Maurenx et Matrassin, avec leurs soldatz estans en nombre de quatre cens soldatz ou plus, s'en allans à Sainct-Gyrons, et qu'ilz y ont séjourné deux jours entyers quy ont faicte de despence plus de dotze cens livres, sans y comprendre les folles, pilheries, extorcions, foulles et festins, quy ont ruiné ce pouvre village de sorte les ont mys au pain quérant, que n'out moyen de faire ny porter vivres au camp, moingz encore satisfaire au payement des impositions qui ont esté faictes dans la ville de Salies... [Ils prient M. de Lasségan d'avoir pitié d'eux. Celui-ci renvoie la supplique au juge de Comminges pour décider.]

(États de l'Isle-en-Dodon, 21 mars 1576.)

6. — LETTRE D'ANDRÉ DE SOLAN, S^r DE SABOLIÈS,
AUX ÉTATS DE COMMINGES.

Messieurs. Nostenxis présent porteur que je vous envoie pour vous dire de ma part tout ce de quoy je l'ay chargé, auquel je vous prie donner confiance, car partant de vous s'en ira treuver M^r le seneschal [de Tholose] pour mesme affère, et vous prie de rechefz vous souvenir de ce qu'importe la ville de Sainct-Girons, ce que a cousté, affin que nous ne tombious de fiebvre en chaud mal, que vous suffira pour y porvoir suivant vous [*vos*] meilleurs advis ausquelz je me remès. Toutesfois je n'ai poinct envie de souffrir escorne, qu'importe de ma vie et mon honneur, comme porroit bien fère demeurant foible comme je suis dans led. Sainct-Girons [1].

Saint-Girons, 8 février 1577.   Saboliès.

A MM. des Estats du païs et compté de Comenge.

(États de Muret, février 1577.)

7. — Commission du marquis de Villars au juge de Comminges.

Honorat, comte de Tande et de Sommerine, marquis de Villars, chevalier de l'ordre du Roi, cappitaine de cent hommes d'armes de ses ordonnances, conseiller en son conseil privé, admiral de France et lieutenant général pour sa Majesté au pays et gouvernement de Guienne, au juge de Comenge ou son lieutenant, salut.

Cy-devant nous aurions ordonné les lieux de Sainct-Girons et Sainct-Legier *(S. Lizier)* au sieur baron de Noué pour y tenir garnison avecques sa compaignie de chevaulx légers, et que les vivres nécessaires pour l'entretènement d'icelle seroient fournis par les manans et habitans desd. lieux de Sainct-Girons et Sallies, Castillounetz et viscomté de Couserans, ce qui n'a esté par eulx faict, et partant en est demeuré la despence sur led. sieur baron de Noué, pour de laquelle le rellever en partie, nous avons advisé qu'il sera levé sur les habitans desd. lieux les vivres de lad. compaignie pour ung mois seullement, sellon le taux et reiglement par nous faict pour lad. compaignie, et sur iceulx par vousdit juge de Commenge despartis, et esgallés au fur de la tailhe, le fort portant le foible, et le plus justement que fère se pourra, vous ayant de ce fère donné pouvoir... etc... Mandons... à Mᶜ Bernard Cabalby, sindic dud. païs, de faire toute dilligence pour l'assemblée desd. vivres sur peyne de respondre de son deffault.

Donné à Astaffort, au camp, le 21ᵉ jour de septembre 1577.

Honorat de Tande, *ainsin signé.*

(Correspondance des États.)

---

[1] Par ordre du parlement de Toulouse, Saboliès tint garnison de soixante hommes à Saint-Girons jusqu'au 20 octobre 1577.

LXXXVIII.

1576. — MARS.

LETTRE D'HENRI III A CORBON DE LASSÉGAN.

Importante missive pleine de déférence pour Blaise de Monluc, presque à la fin de sa carrière [1], et investissant Lasségan du commandement en Comminges et Rivière-Verdun, à l'Isle-Jourdain, dans les baronies de Terride, Faudoas, Léonac et Marestaing, dans le comté d'Astarac; enfin dans les villes de Mirande, Pavie, Pessan, le Faget, la Maguère, Ydrac, etc.

Monsieur de Lassegan, par les lettres que vous m'avés escriptes des VIe, XXIe et XXVe de febvrier je cognois, ainsy que j'ay tousjours faict par voz actions et depportemens, le zelle et affection que vous pourtés à mon service dont j'ay tout contentement. Je suis bien marry de ne pouvoir donner telle provision aux affaires de par dellà qu'il est nécessaire pour la conservation du pays en mon obéyssance, mesmement depuys le despart de mon frère le roy de Navarre. J'estime que le poinct principal est d'y envoyer quelque personnage d'autorité pour y commander, ainsi que j'avois dellibéré faire y despêchant mon cousin le marquis de Vilars, admiral de France, qui est lieutenant général au gouvernement dud. pays, toutes fois j'ay depuys advisé le retenir pour quelques jours par deça pour acister à la négociation de la paix, estimant que sa présence pourra servir à l'accomplissement d'un si bon œuvre auquel conciste le bien universel de tout mon royaulme, encores que j'espère que la conclusion en sera bien tost faicte et que Dieu me fera la grâce de me donner la paix ; néangmoins mond. cousin ne pourra arriver de longtemps aud. pays, où toutes fois je faiz estat qu'il faira ung voyage soit que la paix se fasse, ou non, de sorte que je suys en bien grande peyne des choses de par delà où j'entendz que ceulx qui portent les armes contre moy gaignent tousjours quelque advantaige [1].

---

[1] Cet illustre maréchal mourut le 26 août 1577. Voy. G. THOLIN et Ph. LAUZUN, le *Château d'Estillac* (1896).

[2] Les huguenots occupaient Auvillars (aujourd'hui Tarn-et-Garonne), Saint-Girons, Mauvezin, Le Mas-d'Azil, d'où levée précipitée de gens de guerre par

Je cognois bien que mon cousin le mareschal de Monluc à cause de son indisposition ordinaire n'y sauroit pourvoir comme il est requis, toutesfois je suys bien aise que les choses se fassent soubz son nom et autorité ; mais j'ay désir que soubz luy vous et tous mes bons serviteurs qui sont aud. pays s'esvertuent pour conserver ce qui reste en son obéyssance, ayant à ceste fin bonne intelligence ensemble.

J'ay beaucoup de confiance au sieur de Cornusson qu'il s'employera tousjours fort vouloutiers et fidellement en tout ce qu'il cognoistra me pouvoir servir. Partant cependant que vous commanderés ez pays de Comenge, Bigorre, Astarac, Rivière-Verdun, comté de l'Isle et quatre baronyes, comme j'entendz que vous fassiès jusques à ce que mond. cousin l'admiral soit arrivé par delà, je vous prie avoir bonne intelligence avec led. s^r de Cornusson et vous assister et secourir l'ung l'aultre dès que vous sera besoing. Je mande à mond. cousin le mareschal de Monluc de s'ayder de tous les deniers de mes tailhes qui se lèvent aud. pays pour payer les gens de guerre que y servent. Je ne puys donner aultre provision estant asseuré que s'ilz estoient bien mesnagés ilz suffiroient pour led. payement.

Il fault aussi que les gens de guerre qui lèvent commodité des habitans des villes où ilz sont en garnison s'aydent de quelque chose pour attendre que lesd. deniers soient reçeus, car il est bien difficile qu'ilz puissent venir à poinct nommé, par ce, je vous prie que lesd. gens de guerre se contentent de ce qui se peult et ne quictent leur garnison puis que leur payement est assigné et qu'ilz ne peuvent rien perdre. Au reste, Monsieur Lasségan, je vous prie estre asseuré que je cognoistray à jamais le service que vous me faictes par delà, vous priant de les conti-

---

Lasségan dans les pays soumis à son autorité. Le paiement anticipé des garnisons devenues rapidement plus nombreuses ou plus denses, occasionna un procès entre le Comminges et le receveur des tailles Jean de Senaulx. L'affaire fut portée devant le parlement de Toulouse auquel les Commingeois représentaient : « que pour eulx conserver en ceste dévotion, fidélité, hobéissance et subiection [au service du roi], ilz n'ont voulu souffrir, ny endurer estre faict auleun acte de religion [prétendue réformée], ny que auleun ministre y aye presche pour la prétendue religion, et y a bien peu de provinces en ce royaulme que ayent esté conservées. » — (États de Muret, mai 1576.)

nuer et me mander de voz nouvelles, priant Dieu qu'il vous ayt, Monsieur de Lasségan, en sa sainte garde.

Escript à Paris, le XXIe jour de mars 1576.

Signé : HENRY. — Et plus bas : DE NEUFVILLE. — Et sur le reply est escript : *A Monsieur de Lasségan, chevalier de mon ordre, commandant pour mon service en Guienne.*

(Copie. — États de Muret, mai 1576.)

Huit jours après cette missive, B. de Monluc étant à Estillac joignait en un seul bloc le double paiement des tailles des quartiers d'avril et juillet 1576. Ce lui était une occasion de dépeindre en ces termes la situation de la Guyenne :

« Voyant la continuation des présentes guerres et troubles s'empirer, la prinse de plusieurs villes et lieulx de ce pays par traisnées et menées secrètes d'aulcungs habitans à faulte d'y tenir garnisons de gens de guerre pour les conserver, résister aulx pernicieulx desseings des ennemys qui se emparent, la pauvreté et peu de moyens du peuple pour faire levée extraordinaire de deniers pour l'entretènement des gens de guerre à cause de la longueur d'icelle et des excessives impositions, despences et foulles souffertes, etc... » — Estilhac, 29 mars 1570.

(États de Muret, mai 1576.)

LXXXIX.

1577. — MAI.

LETTRE D'ÉTIENNE DURANTI AU JUGE DE COMMINGES.

En 1577 « estant naguères la guerre commencée par les ennemys », les consuls de Muret, Pierre Cescau, Martin Faure, Jean Deprat et Pierre Martin, obtinrent de Montfaucon qu'il reprit le gouvernement de leur ville. Ce capitaine demanda au parlement de Toulouse une garnison composée de 150 arquebusiers payés par le pays de Comminges. La cour autorisa, dans ces conditions, 80 soldats, s'en remettant pour le surplus à la décision du sénéchal de Toulouse. Ces arrangements furent pris en février 1577. Au mois de mai suivant, Étienne Duranti, avocat général, écrivit à Jean de Borderia pour lui recommander la garde de Muret. Il stimulait son zèle en lui rappelant l'exemple de l'Isle-d'Albigeois.

Monsieur. Je avois envoyé chez vous pour vous parler de la garnyson de Muret parce que j'ay entendu que monsieur de Montfalcon veult quicter le gouvernement de la ville, d'autant que le

païs a arresté le payement des garnysons, que pour ce, n'ont là ou
là, continuation de lad. garnyson et autres du païs de Cumenge.
Sera plus nécessaire que jamais, mesmes pour les deux mois prochains que la récolte se fera, joint que monsieur l'admyral a
mandé à la noblesse et companyes d'hommes d'armes se rendre
près de luy, ce qu'ilz font dans cinq ou six jours. Et d'autre part,
monsieur le séneschal avec les forces de la ville et dyocèse c'est
allé joindre à monsieur de Joieuse quy est devers Allet et Brugay-
rolles, de manyère que si les garnysons ne sont continuées le païs
sera en proye. Que me faict vous prier, sur tant que vous aymés
le service du roy, faire assembler promptement les syndicz du païs
de Cumenge et leur remonstrer ce dessus, à ce qu'ilz ayent à continuer l'entretènement desd. garnysous pour les deux moys prochains. Et parce que ce faict importe sy avant pour la conservation du païs, et conséquemment au service du roy, je vous prie
vous y employer vyvement, à ce que cuydant spargner le sol l'on
ne perde l'escu, comme est advenu à l'Isle-d'Albigeois laquelle
pour n'avoyr volu continuer la garnyson, trois ou quatre jours
après qu'elle en a esté dehors a esté surprinse et la pluspart des
habitans massacrés, et leurs femmes vyolées.

Et m'assurant de vostre bonne volonté au service du roy, je
prieray le Créateur vous donner, Monsieur, en santé, vie longue,
me recommandant humblement à vostre bonne grâce.

A Tholose, ce xxve may 1577.

> Vostre affectionné frère et serviteur : E. Duranti.

A Monsieur, Monsieur de Borderia, juge ordinaire de Cumenge.

Cote : Lettre de M^r l'advocat général Duranti, du xxve mai
1577.

(Arch. de Muret. — Correspondance des États.)

XC.

1577. — Juin.

Lettre de M. de Lamesan a M. de La Yllère.

Monsieur mon voysin, aux deux dernyères assemblées quy se
sont tenenes fust arresté que à la premyère imposition du pays

l'obmission qu'avét esté faicte sur quelque admonition [munition]
de pouldres du tems que j'estois à Saint-Lizier serèt imposée,
comme savent les cindics Pontic et Cambornac. Et entendant
que imposition se faict, vous ay vouleu fère ce mot pour vous
prier de me le fère mettre au rôle, ensemble cent livres que j'ay
baillées à du Cassé pour aller vers le roy de Navarre au commencement de ceste guerre, par l'advis d'une troupe de noblesse quy
estoit assemblée à Samathan, et en attendant que j'ay le moyen
de me revancher de ceste courtoysie, je prierai Dieu, Monsieur
mon voysin, quy vous départe de ses saintes grâces. Je salue bien
humblement les vôtres.

De Lamezan, ce x^e juing 1577.

Vostre affectionné voisin à vous fère service : LAMEZAN.

Monsieur mon voisin, Monsieur de Laylère

(États de Muret, juin 1577.)

XCI.

1578. — FÉVRIER ET JUIN.

LETTRES DE BIRON ET D'HENRI DE NAVARRE
AU JUGE DE COMMINGES.

Ces missives ont trait au paiement des garnisons, à celui des gardes
d'Henri de Navarre et à la conservation des trois villes concédées aux
huguenots, Périgueux, La Réole et Le Mas-de-Verdun. Les catholiques
du Comminges devaient contribuer à l'entretien des garnisons en ces
trois places. On verra à la suite de ces lettres combien cette contribution forcée leur était « fâcheuse et aigre ».

1. — LETTRE D'ARMAND DE GONTAUT-BIRON.

Le signataire de cette missive est Armand de Gontaut, baron de
Biron, marié en 1559 à Jeanne d'Ornesan. Il devint maréchal de France
en 1577 et, en 1578, lieutenant du roi en Guyenne. Tué le 26 juillet
1592 au siège d'Épernay [1].

Monsieur le juge. Vous verrez par celles que vous sont
envoyées par mess^rs les généraulx quelle est l'intention du roy

---

[1] Cf. Ph. TAMIZEY DE LARROQUE : *Deux lettres inédites de la maréchale de
Biron*, dans la *Revue de Gascogne*, XXVIII, 40.

pour la levée de la creue de v s. pour livre, restes de l'imposition de c mille livres et pour les garnisons des villes de seuretté
qui avoit esté oblié déclarer par la première commission qu'avez
cy devant receue, bien que sa Majesté m'eust mandé par toutes
ses deppesches qu'il entendoit la levée desd. restes, par ainsin
vous ne ferez faulte de faire publier, et particullièrement entendre
aux habitans de vostre province de Comenge, le contenu desd.
lettres, et tiendrez de si près la main au receveur que la levée en
soit promptement faite, affin d'en secourir les affaires de sa
Majesté en si urgente nécessité, mesmes pour le paiement des
gardes du roy de Navarre à qui est deu beaucoup, y ayant receu
leur assignation, et dont je suis fort pressé à cause de la ruyne
qu'ilz portent au pays à faulte d'estre payez. Et n'ayant moyen
d'ailheurs, sad. Majesté m'a commandé y fère satisfère en toute
dilligence, et n'estant ceste-cy à aultre fin, je prieray Dieu,
monsieur le juge, vous tenir en sa garde.

De Lectore, ce iiie de février 1578.

A Monsr le juge ordinaire de Comenge ou son lieutenant.

Cote : « Lettre du seigneur de Biron ».

(Correspondance des Etats.)

2. — Lettre d'Henri de Navarre.

Monsieur le juge. Parce que le roy, Monseigneur, m'a mandé
qu'il vouloit et entendoit que le reste de l'imposition des cent mil
livres faicte par Monsr l'admiral, durant les derniers troubles, soit
levée, et payée pour estre employée au payement de mes gardes,
ce quy tourne au soullaigement du pouvre peuple, je vous prie à
ceste cause ne faillir de tenir la main à ce que sa Maiesté soit
obéye, contraingnant en premier lieu les collecteurs de paier et
délivrer comtant au recepveur de la province commis à la recepte
desdictz deniers tout ce qu'ilz en ont désia levé et qu'ilz ont entre
mains, comme aussy est nécessaire que l'ordonnance de l'imposition pour les trois villes de seuretté soyent effectuées, tant pour le
service du roy mond. seigneur, que pour le bien et repos public.

L'asseurance que j'ay que vous ne voudrez faillir à ce que
dessus, me gardera de vous en dire davantaige, sy ce n'est pour

prier Dieu vous tenir, Monsieur le juge, en sa saincte et digne garde.

De Lectoure, ce v^e febvrier 1578.

Vostre meilleur amy : HENRY.

A Monsr le juge de Cominge.

Cote : « Lettre du roy de Navarre ».

(Suscription et signature autographes. — Correspondance des États.)

3. — AUTRE LETTRE D'HENRI DE NAVARRE.

Messieurs. Ayant entendeu que vous vous assembliés ce jour d'huy à Au[vill]ar pour les affères généraux de ce païs, j'ay bien voulu vous envoyer le s^r de Saint-Martin, l'un capp[itai]ne de mes gardes, avec les mandemans et assignations que vous ont esté octroyées pour le payement d'icelles sur la nature des deniers que vous verrés. Vous sçavés que le retardement desd. deniers ne peult appourter que ung très grand préjudice, car n'estant point les gardes payées, il leur seroict impossible de payer leurs vivres, dont les plainctes quant et quant s'en ensuivent, ce que je désire esviter, comme aussi vous debvés faire, d'aultant que cella concerne le public. Par quoy je vous prie bien fort de pourvoir à ce que les deniers sur lesquelz lesd. gardes sont assignées, soient levés au plus tost que fère ce pourra pour les payer, et outre que en cella vous effectuerés l'intention du roy, mon seigneur, et ferés pour le public de ces pays. Je vous en sentiré ung très bon gré et m'en revencheré en ce que j'auray moyen de fère pour vous, en général et en particulier, d'aussy bonne volonté que je prie Dieu, messieurs, vous avoir en sa saincte garde.

De Montauban, ce dernier de juing 1578.

Vostre bien bon amy : HENRY, *ainsin signé.*

Coppie : DAURE.

Cote : « Coppie de lettre missive du roy de Navarre envoyée aux Estatz généraux d'Auvillar ».

(Correspondance des États.)

* *

La pensée des commingeois au sujet des demandes contenues en ces missives se trouve dans la réponse que les États réunis à Muret, le

18 janvier 1578, avaient déjà adressée à Guillaume de Gascq, s^r de Razac, général des finances en Guyenne :

« Quant à la solde des garnisons desd. villes de Périgueulx, La Réole et le Mas de Verdun, bien que leur soict impossible de supporter plus tant de charges, et que lad. contribution [2680 liv.] leur soict fâcheuse et aigre, à laquelle par devoir et par raison ils ne pourront estre constrainctz, toutesfoys pour n'estre cause d'une nouvelle guerre, effraction de l'édict de paix, puisque sa Majesté l'a ainsi ordonné, qu'ilz s'engaigeront leurs personnes et biens pour satisfaire à lad. contribution pour une année seullement, payable aux quatre quartiers de tailhes de sad. Majesté, à la charge que ceulx de la prétendue relligion refformée quitteront toutes les autres villes dud. gouvernement et en laisseront l'administration, gouvernement et police aulx officiers du roy, suyvant led. édict de paciffication... [1] »

Relativement à une autre demande d'imposition (8.300 liv.) les États suppliaient le roi « les en vouloir descharger et avoir pitié de son pouvre peuple, car le revenu de leur bien n'est pas suffizant avec les misaires et callamités qu'ilz ont suportées, de satisfaire et payer les charges ordinaires... car ilz ont esté pilliés en leurs personnes et biens par ceulx de la nouvelle opinion, leurs maisons et édifices brulés, leur bestail ravy et voullé leurs fruictz et meubles, la terre demeurant sans culture, les personnes prinses et captives constrainctz payer grand rançon ».

(États de Muret, janvier 1578.)

———

XCII.

1579. — Septembre.

A propos de la prise et de la délivrance de Saint-Lizier.

A la page 105 et suivantes des *Huguenots en Comminges* (1re série) se trouvent les documents que nous a fournis notre première enquête sur la prise de Saint-Lizier en 1579. Entre autres détails, les pièces qui suivent nous apprennent l'intervention d'Henri de Navarre dans la reddition de cette place et le jour où les huguenots la quittèrent (24 septembre). L'âme de la résistance à Saint-Lizier fut le sénéchal de Toulouse et le vicomte de Saint-Girons, dont les lettres sont signées « Couserans ». Il

---

[1] En vertu de lettres patentes données à Saint-Maur-des-Fossés, le 8 août 1580, le Comminges eut à payer 870 écus pour la sécurité des huguenots de Périgueux, de la Réole et du Mas de Verdun. Cette contribution, exigible en 1581, fut imposée à raison de 531 écus levés sur le Comminges proprement dit, et 339 sur les Aides. — (États de Samatan, 8 août 1582.)

fut blessé en défendant la ville basse [1] d'où l'on coupait les vivres aux huguenots réfugiés dans la ville haute. On le verra, Étienne Duranti rend hommage à la « diligence et bon vouloir » du vicomte et à la promptitude du sénéchal.

1. — Voyage de Raymond Ducassé, vers le roi de Navarre.

Premièrement, comme fust venue la nouvelle que la ville de Sant-Lezer fust emprinse par certains ennemys et voleurs, icelluy Ducassé [consul de Muret] à toute diligence seroyt allé à hault païs, et arrivé à Saint-Girons affin de sçavoir comme avoyt esté surprinse et par qui, pour en advertir les messieurs de Tholose et aultres gentilshommes, affin de promptement remédier à la fère recouvrer, et à ce dessus il a vacqué six jours à cheval avec son homme...

Et ayant apporté la novelle certaine à Tholose, tant à M[r] le premier président [Jean Daffis], M[r] le séneschal [Cornusson] et M[r] l'advocat général [Étienne Duranti], et aultres seigneurs gentilshommes du pays, par advis et résolution desd. seigneurs je fuz commis et depputé pour aller vers le roy de Navarre, auquel s[r] fust escript paquet, et à cest effect suis allé vers led. s[r] roy de Navarre en compagnie de Mathieu Bofat, et cuydant treuver led. s[r] roy de Navarre à Pau, toutesfoys estant aud. Pau, fust à Nérac : nous en faulcist aller dud. Pau à Nérac et y ay vacqué unze jours...

Et affin de fère tenir la volonté dud. s[r] roy de Navarre à Mgr le seneschal, estant au hault pays, estant arrivé aud. Muret le lendemain, alis treuver led. s[r] seneschal que je treuvis à Salies, auquel baillé la lettre dud. s[r] roy de Navarre, et par mandement dud. s[r] seneschal je demeurés aud. Sant-Lezer huict jours.

(États de Muret, 30 novembre 1579.)

2. — Voyage d'Antoine Pitoys vers le roi de Navarre.

Rolle des fraiz et despens que je Anthoine Pitoys, forrier de la compaignie des gensdarmes de M[gr] le seneschal de Tholose, ay faict au

---

[1] « A M[r] le viscomte de Sainct-Girons pour la cure de sa blessure qu'il reçeust au pied en ladite reprinse, pour bailler aux médecins et sirurgiens, 200 escus. — ... A Arnaud Dubouch, pouvre homme habitant de Tauri[g]nan, pour avoir esté mutilé de son bras estant tarrailhon au rampart de Sainct-Lizier, 10 escus ». — *(Comptes* de Raymond Ducassé.)

voiage de Nérac et autres lieux pour me transporter devers le roy de Navarre, tant par le commandement de Mgr le premier président que dud. s^r seneschal, à la prière et instance de Mr Cambornac, scindic du pays et comté de Cumenge, lors que la ville de Sainct-Lézé fust surprinse par ceulx de la Religion, que baille devant vous Messieurs les gens des Estatz du pays et comté de Cumenge, à ce que les sommes par moy fornies et advancées, cy-après déclairées, me soient randues.

Premièrement seroys party le VIIIe de septembre dernier, après disner, et serois allé coucher à Granade-[sur-Garonne] et auroys payé tant pour moy que passaige de la rivière. . . . . XXIIII s.

Le IXe dud. moys, pour la disnée à Beaumont . . . . XVI s.

Pour la soupée led. jour en la ville de Lectore. . . . . XXI s.

D'après soupée dud. jour estant adverty que le roy de Navarre estoit à Pau et que mon cheval estoit recreu, auroys esté contrainct prier m^rs les consulz me donner en diligence deux chevaulx pour aller toute la nuict trouver led. s^r roy de Navarre aud. Pau, distant dud. Lectore dix huict grandz lieues, et auroys payé desd. deux chevaulx l'ung pour moy et l'autre pour la guide, comprins la despence, XVIII liv. t., cy . . . . XVIII liv.

Le X dud. moys estant arrivé aud. Pau au poinct du jour, aurois esté adverty que led. s^r roy de Navarre estoit party, led. jour auparavant, pour aller à Nérac, qui auroit esté cause qu'il auroit prins deux chevaulx et une guide pour aller en toute diligence trouver led. s^r roy de Navarre, desquelz aurois payé, comprins la despence. . . . . . XVI liv.

Pour la despence qu'il a faicte durant deux jours aud. Nérac poursuyvant la commission pour faire vuyder ceulx de la Religion dud. Sainct-Lézé, auroys payé cent solz, cy. . . . . L liv.

A esté donné au secrétaire dud. s^r de Navarre pour l'expédition de lad. commission . . . . VI liv.

Seroys party le sabmedy XIIe septembre dernier, de lad. ville de Nérac, et seroys allé coucher en celle de Lectoure, et auroys payé tant pour la despance que mon cheval avoit faicte, que pour la soupée. . . . . IIII l. X s.

Pour la disnée le lendemain à Aucamville, ay payé. . . IIII liv. X s.

Led. jour me seroys randu dans la maison dud. s^r président pourtant la despêche dud. s^r roy, où à l'instant led. s^r président l'auroit renvoyé aud. Sainct-Lézé trouver led. s^r seneschal, où serois arrivé le lendemain au matin et auroys despendu en chemin . . . . XX s. t.

Puys le VIIIe dud. moys de septembre jusques au XXIIIIe dud. moys que la ville auroit esté remise en l'obéyssance du roy, auroys tenu cheval de louaige duquel auroys payé . . . . XII l. VI s. VI d.

* *

Vous plairra, Messieurs, considérer la peyne et diligence dont led. Pitoys à uzé en cest affaire, s'y estant porté fidellement et est encores

de présent prest à s'employer pour le service dud. pays lorsqu'il luy
sera commandé, dont vous plairra, Messieurs, le gratifier de la somme
de cinquante escuz, oultre les sommes cy dessus par luy fornies. — Sur
quoy Monsr de Cambornac luy auroit baillé dix escuz lesquelz il offre
tenir en compte sur lesd. fornitures cy-dessus expéciffiées.

A. PITOYS.

Taxé dix escus pour Anthoine Pitois, fourrier de la compagnie de
Monsr le seneschal de Tholose.

(États de Muret, novembre 1579.)

3. — REQUÊTE DU CAPITAINE AUZEVILLE.

A vous Messieurs tenantz les Estatz, etc...

Supplie humblement et remonstre le cappitaine Auzeville que,
du mandement de M. le seneschal de Tholose, le suppliant auroict
esté commandé lever et advencer une trouppe de soldatz harque-
bousiers à pied lesquelz il auroict admenez et conduictz à la ville
de St-Lezer pour en tirer l'ennemy ou les volleurs qui s'en estoient
saisis, où le suppliant avecques lesd. soldatz auroict demeuré puys
la prinse de lad. ville jusqu'à ce que lesd. volleurs auroient vuydé,
estans lesd. soldatz, par le moyen dud. suppliant, admonitionnés,
nourris et entretenus en allant et venant de lad. ville, de quoy led.
suppliant n'auroit esté satisfaict.

Quoy considéré et mesme que de ce peuvent tesmoigner les
scindicz du pays, habitans dud. Sainct-Lézer et aultres qu'ont veu
le bon zelle dud. suppliant, vous plaise rembourcer, etc...

Le suppliant aura pour son voiage X escus.

(États de Muret, novembre 1579.)

4. — LETTRE DE JEAN HÉBRARD DE SAINT-SULPICE A E. DURANTI.

... Il y a trois sepmaines que aulcuns de la prétendue religion
surprindrent la ville haulte de St-Lezer et eussent prins la ville
basse sans la diligence et bon devoir de M^r le vicomte de St-Girons,
qui s'y rendit incontinent. Le roi de Navarre a écrit et envoyé
pouvoir à M^r d'Audon pour les faire vuider, en quoy il y a de la
longueur. Mr de Cornusson se achemina sur le lieu trois jours
après la prise, et on a pourveu si bien à la conservation de la ville
basse et à garder que secours n'entrât à la ville haute, que, ne
ayans molins pour moldre le bled ni moien de recouvrer de l'eau,

ont été contraints de se retirer depuis mercredi dernier[1] par la négociation dud. s^r d'Audou et du s^gr de Solle, que l'on soubsonnait être l'auteur de cette prise...

Voila le commencement de la reddition des villes. Les grands les désavouent et disent que ce sont de voleurs, ce qui est très véritable, estant tous ceux qui tiennent la main à la prise des villes vrais et insignes voleurs ; mais ils ne veulent pas perdre tels voleurs, comme l'on a bien fait connaître pour le regard de ceux de St-Lezer qui sont sortis après avoir été baillé oustaiges pour leur seureté[2]...

De son côté, Jean Daffis, président du parlement de Toulouse, écrivait le 25 septembre au même J. Hébrard de Saint-Sulpice : « Quant aux occurrences de deça, St-Lezer a été rendu, et, pour les difficultés qu'il y avait de forcer les preneurs, on a esté contraint permettre qu'il se soient retirés[3] ». On perçoit un écho du même événement dans une lettre de Montmorency-Dampville, adressée d'Avignou le 26 septembre 1579, à Catherine de Médicis : Mais en Gascoigne, à ce que m'a escript le premier président [J. Daffis], ilz ont surprins et saisi la ville haulte de Sainct-Lezer en Couserans, et les catholiques sont retranchés à la ville basse laquelle ilz défendent : cela est du gouvernement du roy de Navarre auquel je me promectz qu'ilz auront faict plaincte comme je feray de tout ce qui s'est passé en Languedoc[4].

5. — Lettre du vicomte de Saint-Girons aux États de Comminges.

Messieurs, au partir de Puetdanyel[5] pour m'en aller à Bourdeaux, j'ay entandeu que ceste assemblée des Estatz se debvoit faire en la ville de Sainct-Matan dans peu de jours, où je me feusse volontiers trouvé non seullement pour vous remostrer les grandes pertes et domaiges que j'ay patis pour faire le service du roy et deffandre le hault pays de l'oppression des ennemys, à mes propres costz et despens, sans que aulcuns moyens m'ayent esté oncques ouvertz pour faire la guerre que les miens propres, quy

---

[1] C'est-à-dire le 23 septembre, fait observer M. Cabié.
[2] Edmond Cabié, *Guerres de religion dans le sud-ouest de la France*, col. 503.
[3] Idem. *ibid.*, col. 505.
[4] Bibliothèque de la ville de Toulouse, ms. 611, fol. 177 v.
[5] Aujourd'hui Puydaniel, canton d'Auterive (Haute-Garonne).

sont peu bastants pour ce faire sy tout le pays n'y a esgard, mais aussy pour vous représenter que vous me treuverés tousjours prest à continuer le service dud. pays en toutes les occasions que se présenteront, sans en rien méspraigner, ce que l'urgente occasion de mon voiatge ne m'a poinct permis de faire de bouche.

A cause de quoy, pour cest effaict, j'ay chargé ce pourteur qu'est Bertrand Assier, de ceste myène lettre laquelle je n'ay volleu ramplir de graudz demandes, m'asseurant de vostre discrétion, mesmes que tous les scindicz dud. païs hault vous attesteront de tout ce que c'est passé de moy pandant ses derniers troubles et comment ung de mes plus beaux et meilleurs chevaux me feust, n'a pas troup long temps, tué en ung combat, duquel j'avois payé cinq cens escutz et n'estant la présente à aultres fins, priant le Créateur, messieurs, vous donner longue et heureuse vie.

De Puetdaniel, ce xxiiie janvier 1580.

Vostre plus humble et affectionné à vous faire service,

COUSSERANS.

A Messieurs, Messieurs du Tiertz Estat de la compté de Comenge. A St-Matan.

Cote : « Missive de M^r le vicomte de Cosserans ».

(États de Samatan, février 1581.)

XCIII.

1580. — AOUT.

COMMISSION DU MARÉCHAL DE BIRON A JEAN DUFRANC.

Armand de Gontault, seigneur de Biron, mareschal de France et commandant pour le roy au pays et duché de Guienne, au s^r Dufranc, commissaire du roy et lieutenant général au siège de Condom, salut.

Comme pour réprimer la témérité d'iceulx qui ont prins les armes contre l'authorité de sa Majesté en ced. pays et duché de Guienne, et remètre en son obeyssance les villes et places dont ilz se sont saizis et emparés en icelluy et les occupent par force, à la grand ruyne des bous subiectz de sad. Majesté qui nous a commandé pour ce faire, et mettre sus et lever une bonne grosse armée pour laquelle il soict de besoing de commettre la charge des vivres nécessaires pour l'entretènement de lad. armée à quelque personnage dont la fidellité nous soict cogneue.

A ces causes... vous avons commis et depputé à la charge et administration desd. vivres pour les distribuer et despartir selon et ainsin qu'il vous sera par nous commandé et ordonné, vous donnant pouvoir par ces présentes de prendre tel nombre de bledz, farines et vins que vous verrés convenir pour la fourniture et entretènement de lad. armée, et pour ce faire, vous faire ouvrir tous graniers, caves et scelliers, où vous treuverez reffuz de ce faire, y procéder par bris et rupture des portes et autres constrainctes que verrés estre à faire, faisant convertir led. bledz en farines et puys en pain, et le tout faire conduire et mener ainsi que marchera lad. armée, vous bailhant d'abondant pouvoir et puyssance de commettre et surroger en voz lieu et place toute aultre personne capable que bon vous semblera...

Agen, 11 août 1580.   BIRON.

Par lettres datées du Saint-Puy, 30 septembre 1580, Jean Dufranc nomme commissaire subrogé M⁰ Laurent Guillemotes.

(États de Muret, octobre 1580.)

XCIV.

1580. — DÉCEMBRE.

COMMISSION DU MARÉCHAL DE BIRON AUX JUGES, OFFICIERS ET CONSULS DE COMMINGES, RIVIÈRE-VERDUN, ASTARAC, ETC.

Sur les remonstrances et plainctes qui nous ont esté faictes des insollences, ravages et pilleries que commettent aulcuns cappitaines qui tiennent les champs esd. païs, mesme les cappᵉˢ Bote, Labarthe et Ravain, en vertu des commissions qu'ilz disent avoir obtenues de nous, pour à quoy obvier nous avons advisé de les révoquer, comme nous les révoquons par ces présentes, leur

faisant très exprès commandement de plier leurs enseignes et se
retirer promptement chacun en leurs maisons, sans plus tenir les
champs, sur peyne de la vye. Et au cas qu'ilz ne satisfacent
promptement à ce que dessus, nous vous mandons et ordonnons
de les y contraindre, et à ces fins assembler le peuple à son de
cloche pour les prendre et rendre à justice, ou les tailler en
pièces, de ce faire vous avons donné et donnons pouvoir, et
pareillement d'informer des excès et violances par eulx commis,
pour, les informations faictes et rapportées par devers nous, ou la
court de Parlement de Tholose, y estre pourveu, et les délin-
quans et coulpables punys examplairement sellon l'exigence des
cas et comme il appartiendra par raison.

Faict à Gimont, le xiie jour de décembre 1580.

† (*Place du sceau.*)   Biron.

Par mond. s^r le mareschal : Boumard.

(États de Samatan, février 1581.)

———

XCV.

1581. — Décembre.

Lettre du vicomte de Saint-Girons aux États de Comminges.

Messieurs, vous avés entendu que ceste année comme les
volleurs et perturbateurs du repos public coroyent au temps de la
récolte des fruictz sur les lieux et chastellenyes de Sallies, Aspet,
Castillhou et aultres des environs, partie desquelz rencontrés
aulx champs continuans leurs voleryes et prenans les dixmes des
egléziasticques auroient esté mys en piesses, dont deux bons
chevaulx du pryx de cinq à six cens esqus, montés par deux
gentilshommes, auroient esté tués et demeurés sur la plasse des
premyers coups de pédrinalz que lesd. larrons auroient laxés
contre moy et lesd. gentilshommes, et parce que sobantes foys les
consulz et sendicqs desd. villes et lieux m'ont requis de les ayder
à l'extirpation desd. larrons sur les promesses où je perdrés les
chevaulx de les payer, ensemble payer les sirurgiens des blessés et
aultrement demorer à toute choze raisonnable, et ne le povant

16

faire sans vostre autorité, moïen et faveur, je vous ay volleu faire
ceste [lettre], vous priant y proboyer et ordonner comme conestrés
estre raisonnable en considération que l'an passé je perdys aultre
grand chabal auprès de Camarade, d'ung cop de pédrinalh laxé
par lesd. volleurs, en les chassaut, comme de tout ce est notoire
aud. pays, et que je suys en bonne vollonté de favoriser et servyr
à l'extirpation du reste d'iceulx, suyant les Éditz du roy que me
faict ne vous fère plus long, priant Dieu, Messieurs, en bonne
santé vous doient hurusse vye.

De vostre meson de Peult-Danyel, ce xxvie de décembre 1581.

Vostre vray amy et serviteur : COUSERANS.

A M^rs M^rs des Estats du pays et comté de Comenge.

(États de l'Isle-en-Dodon, 31 décembre 1581.)

Il ne semble pas que le vicomte de Saint-Girons ait obtenu, du moins
en 1581, le dédommagement souhaité par lui. Aux États tenus à Muret
le 2 octobre 1582, Cabalby rappelait : « Que pour exterminer les
voleurs luy fust promis 200 escus par ceulx du Hault-Pays à la charge
que led. s^r vicomte [de Saint-Girons] y feroit son debvoir et les exter-
mineroit, de sorte qu'il les auroit tués et massacrés, du moins une
grande partie, en sorte que sans led. s^r vicomte et sa vaillance, lesd.
ennemys seroient venus par toute la comté... ». On décida que le paiement devait être réclamé aux châtellenies de Salies, Aspet, Frousac et à
la ville de Saint-Girons qui avaient commandé le vicomte.

XCVI.

1582. — MAI.

RÉPONSE DES ÉTATS DE COMMINGES A FRANÇOIS DE PUGET.

Les gens des Trois Estatz du pays de Comenge assemblés du
mandement du roy en la ville de Muret par devant m^r m^e Fran-
çoys de Pouget, conseiller du roy, son juge ordinaire aud. pays,
pour entendre sa volonté suivant la commission que sad. Majesté
vous auroit envoyée contenant commandement cotiser et despartir
la somme de 3333 escus ung tiers sur les manans et habitans
des villes et bons bourgs seulement en comté de Commenge,
viscomté de Coserans, terre de Montespan, Monbrun et aultres
pour leur part de la subvention, donnée à Paris le 6e de février
1582, ayant veu votre dite commission et lettres patentes de sad.

Majesté et entendeu les remonstrances que vous auroit pleu de
faire, délibérant sur le faict de vostred. commission, tous ensemble, d'une voix, accord et consentement ont conclud et arresté :

Qu'ilz sont très humbles, très obéissans subiectz et fidèles
serviteurs du roy, désirant emploïer leurs biens et vies pour le
service de sa Majesté, vivre comme cy-devant et tousiours ont
[faict], soubz l'obéyssance de la Religion catholicque, loys, édictz
et ordonnances de sa Majesté, laquelle sy luy plaist remémorera
la fidélité que tousiours tous les gens des Estatz dud. pays ont
eue et monstrée par effaict, et mesme au temps de ces guerres
civiles non encores de tout assoupies, pendant lesquelles led.
pays s'est tellement contenen soubz l'obéyssance de sa Majesté et
du Parlement que les ennemys ne se sont de rien prévalus, que
sa Majesté en a tousiours et de tout eu obéyssance, sans jamais
ny ses tailhes, ny son domaine, en avoir esté diminué d'une
méailhe, et tous aux despens des pouvres habitans dud. pays,
lesquelz n'ont rien espargné à faire venir de grandes armées avec
une suite d'artilherie pour tirer les ennemys de sa Majesté des
villes de Sainct-Girons, Sainct-Lézé, Lescure, Lacave, Garravet [1],
Pompiac prinses et occupées par les ennemys, et par le moyen
de la guerre et aux frays desd. habitans remises soubz son obéyssance, oultre ce que les habitans ont aussy à leurs despens teneu
nombre de compagnies par toutes les aultres villes dud. pays
pour les garder et conserver pour sa Majesté, en quoy ilz y ont
emploïé tellement et de leurs personnes et de leurs biens qu'ils

---

[1] Nous manquons de détails sur la prise de Garravet, à laquelle Raymond
Ducassé fait allusion dans ses comptes en 1580 (cf. *Hug. en Comminges*, p. 111).
Il est spécifié dans une requête des consuls de Rieulas aux États de Samatan,
en février 1581 : « ... Le moys de may dernier, 1580, estantz les ennemys au
lieu de Garravet, tenans à force d'armes le chasteau d'icelluy, faisans plusieurs
cources et invasions tant aud. lieu que circonvoysins... ». Afin de les déloger,
certaines compaignies de gens de guerre s'assemblèrent. Le capitaine Toulhe
passa, en cette circonstance, à Rieulas, avec cinquante ou soixante hommes
environ. En cette même assemblée d'États, Gaillardie, substitut du procureur du
roi au siège de l'Isle-en-Dodon, demandait « de faire enquérir contre ceulx qui
sont cause de la prinse de Garravet ». — En 1582, il est question aux États
réunis à Aurignac, au mois de décembre, de « quelques voleurs et meurtriers qui
sont à Montsaunès ». Il fut résolu de les conduire à Toulouse, les chefs des châtellenies devant « donner main forte » à ce transfert. Quant à Pompiac, les
circonstances de sa prise nous sont inconnues.

en sont demeurés si pauvres que ne leur reste, avec une fervente volonté, que de mourir de faim, n'ayant moïen pour leur grande povreté et foiblesse de personne ny de travailler pour gagner leur vie, ny de laborer les terres, les collecteurs des deniers des tailhes, après tant de misères, les en ayant porté et exécuté, pour les deniers des tailhes, aux ungs les instrumens aratoires, aux aultres les portes, fenestres, tuilles des maisons, aux aultres les lict et linceuls, voire les chemises, en sorte qu'ilz en demourent tous nuctz et mandians, et en chemin d'un grand désespoir, car se pensant respirer et prendre aleine pour l'espérance qu'ilz avoient à la clémence du roy, et que en contemplation des maulx passés sa Majesté les solageroit par la descharge et leur quittant les tailhes et aultres charges ordinaires, ilz se voient non seulement continués au paiement desd. charges ordinaires, mais de nouveau surchargés de crues excédant de plus de 2.000 escus toutes les charges ordinaires que cy-devant et depuis quarante ans ont esté cotizées...

A cause de quoy et que le puble ne peult plus, et plusieurs quitent leurs petits [biens] comme souvent portent plus de charges que ne donnent de revenu, et que la plus part ont vendu leurs meubles pour vivre, sur lesquelz l'on avoit accostumé de fère les exécutions pour lesd. tailhes, et que une grande partie des maisons ont esté descouvertes, et les portes et fenestres vendues pour païer les tailhes, joingt que la gresle en a desia porté une grande partie des fruictz, veu la grande pouvreté du peuple, et que aussy l'on ne jouist point du bénéfice de la paix, car le pays est tousiours de force gardé, et tenir garnisons aux villes principales et que n'y a que quatre jours que les uganautz ont prins, pilhé et saquegié ung village dud. pays, impossibilité de lever quant la cotization en seroit faicte, déclarent que à leur grand regret ilz ne peuvent recepvoir lad. soubvention de laquelle supplient sa Majesté de les tenir quites, et vous, monsieur, de tout en charger vostre procès-verbal [1].

(États de Muret, mai 1582.)

[1] A la suite on lit : « Ayant esgard que les voleurs empeschent le trafiq et commerce des marchans sur les chemins, les destrossans et coppants les gorges, tellement que personne n'ose aller par les chemins sinon à corps perdu ».

XCVII.

1582. — Mai.

Réponse des États de Comminges aux commissaires royaux.

C'est, sous une autre forme, la réponse faite par la même assemblée à François de Pujet. Elle fut provoquée par le receveur général Bonaud et Jean Gouyn, commissaires, venus pour exhorter les États à voter diverses impositions extraordinaires. A remarquer le langage désespéré que les circonstances inspiraient aux Commingeois : *Que plus tost ilz se vouloient rendre huguenaulz*, etc.

... Leur estant du tout impossible de les pouvoir satisfaire pour la grande pouvreté qu'est au peuble, procédante des grandes charges et ruine que led. pays a porté et souffert tant pour rayson des trobles et guerres que des tempestes et gresles que presque toutz les ans en ont porté les fruictz, car il est certain que led. pays a faict la guerre et c'est deffendeu des ennemis de sa Majesté, chassés et tirés des villes qu'ilz avoient invahies et prinses, à leurs propres despans, et faict mener et conduire le canon avec grandes armées, tenus garnisons aux villes tant de gens de cheval que de pied, à quoy ilz ont despandeu plus de cent mil escutz, desquelz ilz se sont engaigés, et payé grandz intérestz, et encore en sont-ilz obligés en plus de dix mil escutz, oultre une infinité de despances qu'ilz ont souffert pour les passaiges, lèvement et séjour des compaignies extraordinaires, ruynes et bruslemens des maysons et esglises que les ennemys leur ont faict, de quoy jamais ilz n'ont esté soulagés, aydés, ny supportés d'une mailhe, ains ont tousjours payé les tailhes et aultres impositions ordinaires au roy, sans s'en ayder d'ung soul, comme ont bien faict toutz les aultres pays, ce qu'a réduict en telle et sy extrême pouvreté que la plus part en sont au pain quérant, et une plus grande partie ont abandonné quelque peu de bien qu'ilz avoient et s'en sont passés au royaulme d'Espaigne, tellement que grande partie dud. pays demeure inculte, et y a plussieurs villaiges que personne n'y habite, et les aultres sont surchargés de leurs pactz des tailhes, et en d'aultres lieux dud. pays les habitans sont en tel désespoir que plusieurs foys ilz se lèvent en armes et à toquesain, donent

la chasse aux collecteurs et comiz à lever les deniers du roy, et se
treuvera information que en d'aultres lieux ont dict comme déses-
pérés : *que plus tost ilz se vouloient rendre huguenaulz que de payer
tant de charges, attendeu que les huguenaulz sont soulagés, et que les
catholicques et bons serviteurs du roy sont très chargés et ruynés
pour le soulagement des ennemys, les garnisons desquelz encore le
pouvre, obéyssant au roy, paye.*

Et sont les affaires en tel estat que pour la difficulté qu'est à
lever les taillhes ordinaires, que le pays ne treuve personne qui
veuilhe prendre à lever les deniers, et mesmes Me Ramond
Ducassé, collecteur du pays cest année, en plains Estatz, par acte
rettenu de notaire, ayant juré que luy estoient deuz sept mil
livres des cartiers des taillhes passées, a quitté la collecte, comme
aussy a mesme assemblée led. Cambornac a quitté la charge de
scindic, et les consulz déclairé que ne se vouloient mesler des
affaires publicques et vouloient quitter leurs charges pour les
mauvais tractemens que l'on leur faisoyt, et crainte que le peuble
ne les massacre.

Et d'avantaige la plus part dud. pays de Comenge est aux
mons Pyrénées, pays pierreux et infertil, et s'il y a quelque fruict,
presque toutz les ans les tempestes et gresles emportent tout.

A cause de quoy lesd. Estatz voyant la grande pauvreté, mizère
et calamité du peuble, l'impossibilité de lever et payer ce qu'est
de l'ordinaire, ilz n'ont jamais, à leur grand regret, peu accorder,
ny n'ont receu, ny cottizé lesd. creues, et par ce, ne les peuvent payer, protestant que ce n'est deffault de bonne volonté ;
mays bien de puyssance, supplians messieurs les Généraulx
prendre ceste responce en bonne part et avoir pitié d'ung peuble
le plus mizérable de France, et les tenir quittes desd. creues,
comme aussy ilz espèrent que le roy en aura pitié et compassion,
sa Majesté ayant entendeu lesd. mizères par le délégué que le
pays a envoyé vers sa Majesté, la venue duquel l'on attend toutz
les jours. — Suivent les signatures des consuls d'Aurignac,
Lombez, Saint-Julien, Salies, Aspet et Fronsac.

(États de Muret, mai 1582.)

XCVIII.

« Excès » d'Antoine de Comminges.

Les « pilheries et ravages » d'Antoine de Comminges furent soumis aux États de Muret en avril 1583; mais ils remontaient au mois de mars précédent. La victime de ces « excès » était Pierre Saint-Plancat, avocat au parlement de Toulouse, qui eut recours à la protection de François de Pujet, juge de Comminges, au moment où les États allaient être saisis de sa plainte. « Monsieur, écrivait Saint-Plancat, hyer fus chez vous, mays estiés à selle, ne vousis vous emportuner. Vous supplie très humblement voulloir voir les effectz de la dernière délibération sur mon faict et fayre que j'aye justice que quelque seigneur de la noblesse soict depputé pour aller sur le lieu avec moy, que sommes intéressés et opprimés si estrangement, et fayre remettre les choses en estat. Je ne vous seray pas fascheux, que prie Dieu vous laisent vostre maison et qu'il luy plaise, Monsieur, vous avoir en sa saincte garde. A Tholose, ce 3 apvril 1583. »

A vous Messieurs de la noblesse et Troys Estatz
assemblez en la ville de Muret.

Messieurs,

Maistre Pierre Sainct-Plancat, docteur et advocat en la cour, vous remonstre très humblement que tant sans fault les remonstrances ordonnées estre faictes par le s^r de La Hylère au s^r baron de Peguilhian, en la dernière assemblée du moys de mars, ayent apporté aulcun bon effect pour réparer les pilheries et ravaiges faictz par Anthoine de Comenge, son puysné fils, ayant en pleine fasse de justice curée la mayson du suppliant, qu'est dans la ville d'Aurignac, de toutz grains, vins et meubles, valleur de mil livres, comme au contraire en hayne de ce qu'il a mis l'excès en évidence des Estatz et de la justice, lundi dernier passé, xxviii mars, tant led. de Comenge que le capp^ne Sainct-Julieu son consort et complice ont pillée la métherie dud. suppliant, appelée *de Monde*, amenés troys paires de bœufz et tout le reste de bestailh, à icelluy faict passer la rivière de Garonne, tellement qu'il l'a réduict de ne pouvoir laborer, ny jouhir de son bien, car led. de Comenge tient la clef de la mayson en laquelle il a mis un cadenat despuis l'avoir pilhée, et a réduictes les métheries à

ne se pouvoir laborer, et sa fasson de procéder a produict déja telz
effectz aux villages près Aurignac qu'il y a certaine manière de
gens qui s'en sont allés avec charrettes au devant les maysons de
ceux qui auroient bled et vin pour leur en emporter par force,
pour ainsi que led. de Comenge a commencé en l'endroict du
suppliant, tellement qu'il a falheu sonner lorde et toquessin en
plusieurs lieux pour les chasser mesme à courses.

A ces causes, Messieurs, plerra de voz grâces y pourvoir, déclarant le suppliant qu'il met toutz ses biens en voz mains comme
soubz la main du roy, n'ayant moyen de payer aulcun subside, et
que vous playse ses requestes luy estre reçues et respondues, et
ferés bien.

P. Saint-Plancat.

(États de Muret, avril 1583.)

XCIX.

1583. — Juillet-Aout.

Le maréchal de Matignon et le paiement d'une imposition en Comminges.

Le délai apporté par les commingeois au paiement d'une contribution imposée en Guyenne pour l'entretien des compagnies causa un de
ces odieux incidents fréquemment renouvelés au XVIe siècle. Étienne
Tarenque, commis de Bonaud, général des finances, irrité des atermoie-
ments du Comminges, se rendit à Muret escorté d'un sergent du trésor
et de deux archers du prévot du maréchal de Matignon. Là, il s'empara
du sindic Antoine Cambornac qui fut jeté en prison où on rompit et
déchira « sa robbe et acoustrementz », avec menaces de l'emmener.
Cette « fascherie » fut exposée aux États tenant séance à Muret le
16 août 1583; mais déjà Matignon, impatient du retard mis au paiement
de la contribution souhaitée, avait écrit à l'assemblée en ces termes :

1. — Lettre de Matignon aux États.

Messieurs. Le receveur général du taillon m'a faict entendre
que le receveur particulier dud. taillon de vostre séneschaussée
s'excuse et diffère païer ce qu'il doibt de la somme de LV[m] tant
d'escuz que le roy a ordonné estre levée en l'année dernière pour
l'entretien des compaignies de gens de guerre en Guyenne, sur ce
que vous et les gens des Estatz y donnent empeschement, préten-

dant que par les lettres patentes de la descharge qu'ilz obtindrent de la subvention et crue de IIII s. de lad. année, les habitans de vostre dit païs soient aussi deschargez de lad. imposition de LV^m tant d'escuz eu païant LXX^m escuz, que je trouve estrange, attendu mesmement que sad. Majesté par aultres lettres patentes dont coppie a esté envoiée par les s^rs trésoriers généraulx de France en ceste généralité ausd. receveurs particuliers, a déclaré que son intention est que lad. levée soit faicte, et m'a mandé expressément de faire constraindre les redevables ausd. deniers pour les emploïer au payement de lad. solde et entretènement des compaignies des gens de guerre estans de deça, pour éviter plus grand foulle au peuple; qui est cause que je vous faiz la présente pour vous advertir que j'ay ordonné au receveur du taillon de vostred. séneschaussée de vous constraindre pour le payement en vostre propre et privé nom, attendu les empeschemens par vous et lesd. gens des Estatz donnés à lad. levée, ce que vous pourrez faire entendre aux consulatz de vostre séneschaussée, afin qu'ilz facent diligence de mettre promptement ès mains dud. receveur leur portion de lad. imposition, à ce qu'ilz la puissent fornir en la recette générale du taillon dedans le XVe d'aoust prochain pour le plus tard, et en oultre que où il y auroit plus grand longueur, je seray contrainct permettre ausd. gens de guerre aller sur les lieux pour y vivre, ne pouvant d'ailleurs avoir aultre moïen de les faire païer, que seroit une grand foulle au peuple dont vous seriez cause, car vous n'avez autre privilége, ny excuse, que les païs de Périgord, Agennois, Rouergue, Quercy, les Lannes et Bordelois qui ont, longtemps a, païé leur portion desd. LV^m tant d'escuz.

Et m'asseurant que ce coup vous y satisferez entièrement, je ne vous en diray davantage, et prie Dieu vous donner, Messieurs, en santé, bonne vie et longue.

A Bordeaulx, ce XIIIIe juillet 1583.

Vostre entièrement bon amy : MATIGNON.

A Messieurs les sindicqs, manans et habitans du Comminges.

(Suscription et signature autographes. — États de Muret, août 1583.)

Étienne Tarenque remit cette lettre aux sindics, le 7 août. Les États tenus à la suite de cette communication, rédigèrent la réponse suivante :

2. — Réponse des États au maréchal de Matignon.

Monseigneur. Ce jour d'huy nous estans assemblez en ceste ville de Muret pour entendre le contenu de la lettre que vous a pleu nous envoyer le xiv juillet, reçeue par nostre sindic le vii du présent moys d'aoust, en vertu de laquelle nous sommes assemblez, n'ayant entendu vostre volonté que jusques à présent que nous auroit esté esclercie par vostre lettre, nous sommes résolus de demeurer tousjours très humbles et très affectionnez serviteurs du roy et obéyr à voz commandemens, et ayant espéré toujours que l'imposition de 55.800 écus nous seroit remise, comme led. s^{gr} par le texte des patentes de sa Majesté déclaroit, et que l'imposition de lad. somme ne se feroit que vous, Monseigneur, n'en eussiez donné vostre advis, veu vostre volonté et que la nécessité des affaires constrainct que lad. somme soit payée, n'avons différé procéder incontinant au despartement de la portion de ce lad. somme est eschue sur le pays ; mais la pouvretté du peuple procédant tant des aultres charges que leur sont insupportables que des gresles, tempestes, mortaille de bestail desquelz tous les jours nous sommes visitez, nous constrainct vous faire très humble requeste et avoir pitié et compassion d'un peuple si misérable et nous donner terme de lever et payer lad. somme jusques aux prochains Estatz, que le peuple s'efforcera de payer avec les deniers des tailles, et commander aux commis que de vostre mandement ont esté icy envoyés, se despartir des grandes et rigoreuses exécutions qu'ilz font, et de se retirer jusques au terme que vous plerra, Monseigneur, nous donner, vous suppliant vouloir intériner ceste humble requeste, et nous tous prierons Dieu pour vostre bon estat et prospérité, de telle affection, Monseigneur, que vous doint heureuse et longue vie, en parfaicte santé.

De Muret, ce xvie aoust 1583.

Malgré tout, il fallut payer immédiatement 106 écus à Tarenque, qui alors fit détaler sa garnison.

C.

1584. — Janvier.

« Assossiation faicte en l'assemblée des Estatz du pays et comté de Commenge entre les s^{rs} de l'Esglise, noblesse et tiers-estat, contre les voleurs. »

Texte à rapprocher des documents similaires déjà imprimés dans nos premiers *Huguenots en Comminges*.

Les gens des troys Estatz du pays et comté de Comenge assemblés par commission et mandement du roy en la ville de Muret au moys de janvier 1584, advertys par les plainctes qu'on a faictes en playne assemblée des fréquentes voleryes, larreseins, asseisinatz, murtres de guet à pence, forces, violences publicques, boutemens de fus [*feux*], faulx monoyeurs et aultres infinis maleffices qui se commettent en plusieurs lieux dud. pays, pour y obvier et extirper telle sorte de gens, et affin que les habitans dud. pays puissent vivre en asseurance de leurs biens et personnes, soubz l'obéissance de sa Majesté, ont délibéré et arresté ce que s'ensuyt :

Premièrement que les officiers du roy et ceulx des seigneurs justiciers et juridictionnelz se rendront curieus à la reserche des crismes et maleffices, et à la capture des prévenus, comme il est porté par les édictz et ordonnances.

Et pour ce que la difficulté est aux exécutions des décretz de la justice à cause que les malfaiteurs sont en grand nombre armés et monopolés, lesd. Estatz ont arresté que messieurs de la noblesse qui seront en meilleure comodité et les consulz des chefz de la chastèlenye et aultres villes et villages, à la première réquisition que leur sera faicte, seront tenus se employer de tous leurs moyens et pouvoir, sans user d'aulcune dissimulation ou connivence, et pour ce fère pourront assembler tel nombre de soldatz qu'il sera besoing et nécessère pour la saisye desd. crimineux, et pour les conduyre aux prisons où il appertiendra.

Et où pour ce faire conviendroict entrer en despence extraordinaire, les frais de bousche pour la capture et conduicte desd. prisonniers seront payés aux despens communs du général dud. pays, saus que ceulx que se y employeront puissent préthendre aulcung salaire de leurs peynes, ny aultre récompence.

Et où se treuveroict que aulcung de malfaicteurs et prévenus de maléfice fussent retirés en aulcung lieux de ceulx du clergé, de la noblesse ou du tiers estat, desquelz ilz heussent faveur pour éviter la main de la justice, ont arresté qu'ilz seront sommés de les deslivrer et mettre prisonniers où appertiendra, et en reffus ou dény de ce fère, le scindic du pays, au nom de tous les Estats, fera la porsuyte contre telz resselateurs pour leur fère encorir les peynes portées par les ordonnances.

Et au cas qu'il y auroict aulcungz blessés à la porsuyte et capture desd. voleurs et aultres crimineux, seront conduictz à la plus prochayne ville dud. pays, et s'ilz ont faute de moyens seront secoreus pour leur garnison comme par lesd. Estatz sera advisé.

Ont aussy arresté lesd. Estatz que à la diligence des scindicz de tous les troys ordres, tous les seigneurs voysins dud. pays seront pryés voloir entendre à la exécution de la présente délibération pour la punition et capture desd. crimineux, et parelhement les villes et communaultés voisines ausquelles on offrira ayde et secours en cas parelh.

A esté arresté aussy que les présens articles seront regestrés et jurés en la présente assemblée par les deppputés d'icelle de tous lesd. troys ordres, comme représentans tout le corps dud. pays et comté de Comenge, et les consulz des villes et chefz de chastèlenyes seront tenus les représenter en leurs villes et communaultés, et les rendre à ceulx que succèderont à leurs charges consulères affin qu'ilz y aportent tout leur debvoir, à quoy ilz appelleront les vilaiges deppendens de leurs chastèlenyes affin qu'ilz n'en puissent préthendre cause d'ignorance et qu'ilz fassent semblable promesse et jurement à l'observance de ce dessus.

Faict à lad. assemblée le xvie jour desd. mois et au, etc.

François Bonard, *evesque de Cosserans*. — F. Tendron, *vic. gen. de Lombès*. — Fontenilles. — Lailhère, *sindic de la noblesse*. — Vendomois. — De Noilhan. — Jehan d'Orbessan. — Montegut. — N. d'Ancausse. — De Monfaucon. — Monberault. — Villenefve. — De Tarte. — De Martres. — J. Bouet, *consul de Muret*.

— A. Regour, *consul de Samathan*. — Dabbadye, *consul de l'Isle-
en-Dodon*. — Sainct-Plancat, *consul d'Aurinhac*. — Bertrand
Maylin, *consul d'Aspect*, etc.

(États de Muret. — Janvier 1584.)

CI.

1584.

Requête des religieux de la Merci d'Aurignac.

Quelques lignes seulement de la présente requête ont été déjà
publiées [1]. Vu l'intérêt et la rareté des pièces d'archives provenant des
anciens établissements religieux du Comminges, nous croyons devoir
transcrire celle-ci intégralement :

A vous mesieurs des Troys Estatz du pays et comté de Comenge.

Supplient et vous remonstrent humblement les pauvres religieux du couvent Nostre-Dame de la Mercy de la présente ville
d'Aurignac, qu'à la feste Saincte-Catherine dernière a eu un an [2],
ledict couvent en heure nocturne auroyt esté sacrilégieusement
vollé et desrobé, mesmes la croix, calices d'or et d'argent, et
aultres ornemantz servantz au divin service, au grand intérestz
desdicts supplians qui n'ont moyen subvenir à l'achapt simple
d'aucun ornemant servant aud. divin office, joinct et d'ailleurs
sont en telle disète et pauvreté impliqués n'ayant moyen soubster
tant seulement à leur nourriture d'alimantz et entretien nécessaire.

Occasion de quoy plaise à vos bénignes grâces cy estendant
vostre débonereté et œil de compassion sur la pauvreté desd.
supplians (mesmes en esguard audict larcin sacrilégique), leur
concéder et gratuitement eslargir une bonne somme d'argent pour
la subvantion tant d'une partie de l'achapt desdictz ornemantz
que leur conviendra achapter, causant led. desrobemant, que sem-

---

[1] Voy. *Huguenots en Comminges*, première série, p. 115.

[2] L'Église célèbre la fête de sainte Catherine de Sienne le 30 avril et celle de
sainte Catherine, martyre, le 25 novembre. La requête des mercédaires d'Aurignac ayant été rédigée d'abord pour les États tenus en cette ville le 28 mars
1586, il suit de là que le couvent avait été pillé le 25 novembre 1584, l'anniver-
saire de ce vol arrivant le 25 novembre 1585.

blablement pour obster à leur dicte pauvreté, joinct que par vous
mesdictz seigneurs en telles assemblées (de saincte et loable
costume entretenue et observée), a esté accoustumé impertir et
eslargir une bonne et notable somme d'argent à l'endroict des
couventz fondés en lad. comté, mesmes et principalement à l'endroict du couvent où vostre assemblée se faict, comme est à
présent en lad. ville. Et lesd. suppliantz (en satisfaction de telles
œuvres de pitié qu'en leur endroict exercerés) prieront Dieu inces-
sement pour vostre sainct estat et prospérité.

Dix écus sont accordés le 18 avril 1586 par les États de Salies.

(États de Salies, 18 avril 1586.)

CII.

1587. — MARS.

LEVÉE DES TAILLES DANS LE BAS-PARDIAC PAR LES HUGUENOTS.

Ce fait, très ordinaire à cette date, ressort d'une lettre du receveur
des tailles en Pardiac, nommé Montoussé, et adressée au receveur de
Comminges.

Monsieur, ayant truvé ceste comodité, vous ay vouleu faire
ceste icy pour vous advertir comme les ennemis s'assemblent en
nombre qu'a esté cause suis esté constrainct faire rettirer mes
moyens dans Mirande que me faict vous supplier vouloyr truver
moyen de prendre par dessus les cartiers de la tailhe lesquels je
bailheré encore bien qu'il n'en y aye ung dinier cottizé, ny levé,
cauzant que lesd. ennemys sont vouleu emparer, à quoy ont
constraincts le Bas Pardiac; spérant le fairés, finirai la présente
apprès avoyr prié Dieu, monsieur, vous mantiègne en ces gràces.

De Tilhac, en vostre maison, ce derniers mars 1587.

Vostre obéyssant serviteur : MONTOUSSÉ.

A Mr Mr Duppérier, receveur de Comminge. — A Salies.

(États de Salies. — Avril 1587.)

CIII.

LETTRE DE FONTENILHES AUX ÉTATS DE COMMINGES.

Il annonce qu'il va vers le maréchal de Matignon et réclame le paiement de son infanterie.

Messieurs. Je n'eusse fallye de me rendre aulx Estatz suivant ce qu'on m'avoit mandé; mais j'ay mandement de m'en aller truber monsieur le mareschal de Matignon. Je m'y appreste toutz les jours ; pour ce fère vous m'en excuserez, s'il vous plaict, pour ce coup. Led. sieur mareschal m'a mandé avoir arresté avec messieurs les sciudicz qui sont esté devers luy que l'on me paieroict les cent escus qui me restoinct pour ung cartier de ma companie, que aussy vous me satisfferiés ce qui seroict escheu, suivant l'ordonnance de monsieur le juge maige, pour l'enfenterie[1], de quoy je me suys endebté pour les entretenir du temps qui ont demuré. Je vous suplie me fère raison et ne permettre poinct qu'il faille que je en vienne à la voye de la justice et que je vous fasse despencer, ce que je seray constrainct de faire, outre ma volonté, et quand vous aultres ne le feriés, me dorriés occasion de m'en plaindre, ne dézirant que vous servir de tout mon pouvoir.

Et sur ce je finiray ma lètre, me recommandant de bien bon cœur à vostre bonne grâce, priant Dieu, messieurs, vous donner très heureuse et longue vie.

A Fontanilles, ce 2e apvril 1587.

Vostre affectionné amy à vous fère service : FONTENILLES.

A M^rs M^rs des Estatz de Comenge.

(Signature autographe. — États de Salies, avril 1587.)

[1] En 1568 était déjà intervenu un arrêt du parlement de Toulouse « portant injonction de cothizer la guarnison au s^r de Fontanilhes estans ès environs de l'Isle-Jourdain ». Par autre arrêt la cour enjoignait de « payer les despences faictes à la reprinse de Sainct-Bertrand ». — (États de Muret, 4 novembre 1568 : Remontrances de Jean Daudirac.) Si, d'un côté, Fontenilhes réclamait au pays de Comminges les salaires promis, de l'autre, il savait se montrer libéral à l'occasion. En novembre 1586 il offrit vingt chevaux pour l'utilité des garnisons, « à ses despens, payés et soldoyés jusques à ce que par led. s^r mareschal [de Matignon] y soict pourveu... ». — (États de Muret, nov. 1586.)

CIV.

1587. — JUILLET.

A PROPOS DE LA CONFÉDÉRATION DU COMMINGES EN 1587.

Aux États tenus à l'Isle-en-Dodon le 11 juillet de cette année, l'assemblée arrêta les articles précis et développés d'une association contre les huguenots[1]. Le promoteur de cet acte d'union fut M. de Montaigut, neveu de M. de la Hilière, sindic de la noblesse. Montaigut avait conçu le projet d'une organisation qui, avec le Comminges, embrasserait le diocèse de Rieux, Rivière-Verdun, le Condomois, l'Astarac. Il en décrivit le plan en une curieuse lettre que nos archives ont conservée :

1. — LETTRE DE M. DE MONTAIGUT.

Monsieur mon oncle,

Il y a déja quatre ou cinq jours que vous eussiés eu de mes nouvelles sans ce que je me attendois en avoir de M. de Ribayran comme il m'avoit promis. Je ne say si vous en avés eu et ne sçay que il aura faict pour moy. J'ay parlé à messieurs de Comenge, d'Aubigeus [d'Aubijoux], de Fontanilhes, de Benque, de Gensac, de Montoussin, Sarrecave, lesquelz m'ont très toutz assuré que je pouvois vous donner assurance qu'ilz y apportaront leurs moïens et vies et emploieront toutz leurs amis. J'ay parlé aussi au scindic de la dioucèse de Rieux, lequel m'a assuré qu'il fairait tout ce que luy seroict possible pour y faire entrer la dioucèse de Rieux, et que au cas que toute la dioucèse n'y vouldroict entrer, il fera tout ce que luy sera possible à y faire entrer Cazères, Le Fosseret, Carbonne, Gratens, Bérat et Lougages qui sont de leur diocèse. Despuis luy avoir parlé, il me a escript une lettre de laquelle vous envoye coppie. Vous verrez comme il dit par sa lettre qu'il fault que la noblesse soit d'accord. C'est à vous autres, Messieurs de scindicz, de praticquer cela. Mr de Comenges m'a assuré qu'il verra de y faire entrer tant de villes et ecclésiastiques, et gentilhommes qu'il pourra. Mr de Fontanilhes m'en a promis tout autant et me a dict qu'il avoict faict disposer ceux du Condomois en ce que verrés par unes *Mémoires* qu'il m'a bailliées, lesquelles

---

[1] Voy. *Hug. en Comminges*, première série, pp. 143 et suiv.

je vous envoye, et leur a promis de le faire à ceulx d'Aux et de Destarac et de Rivière-Verdun, et en attend la response.

Il ne reste si ce n'est que votre scindic vueille donner ung passage aux villes mestresses de Comenge et en faire une assemblée pour en faire une résolution, et est besoing de diligenter cest affaire pour ne perdre si belles occasions. Je crois que ne tiendra qu'aux chief de châtellenies, car pour le regard de la noblesse si vous et Mr de Juncet voulez prendre ung peu de peine pour leur communiquer, je croy que n'y a nul que n'y entre voulontiers et s'en y treuvera qui feront comme ont fait 25 ou 30 en Condomois qui s'estoient jetés dans Condom pour y manger leurs vivres. Il est vray qu'on leur a baillé longis et mis taux aux vivres, à ce que j'ay entendu depuis que ne vous ay veu. Je croy que Toulouze y entrera aisément si nous commençons, c'est à ce coup qu'il se fault évertuer, sinon autrement nous sommes perdus en ce païs.

Sur quoy je finirai ceste-cy, après vous avoir supplié me tenir à jamais pour vostre fidèle nepveu et affectionné serviteur.

MONTÉGUT.

Monsieur mon oncle, je vous prie considérer que nous sommes à la récolte et que nos ennemis ne perdent jamais temps. Si vous autres, Messieurs de sindics, ne vous affectionnés à travailher de dispouser tout le monde à bien, nous sommes perdus. Pour moi je vous y offre tout le service que vous pourriés espérer de vostre propre fils.

A Monsieur mon oncle, Mr de la Hilère. — A la Hilière.

(États de l'Isle-en-Dodon, juillet 1587.)

Le sindic de la noblesse de Comminges fit siennes les propositions de son neveu et à son tour il proposa le projet de l'association. C'est des considérations qui suivent que naquirent les « articles » de 1587.

2. — PROJET DE CONFÉDÉRATION D'APRÈS M. DE LA HILIÈRE.

Voïant les ennemis se mettre en gros et le passage de la rivière leur estre libre par le fort qu'ilz ont faict à Caumont, et le roy de Navarre tenant la campagne du couthé de Xantonge venant abourder la rivière de Dordoigne, il est à pencer que ses forces se joindront emmenant quatre canons comme il faict, et nous pourront ravager.

Monsieur le mareichal de Matignon estant du cousthé de Bourdelois[1] ne pourroict secorir ce quartier de Gascoigne, ses forces estant séparées, principalement la cavalerie qui est du couthé de desà la rivière de Garonne ne se pourroict joindre à luy. — Et cependant, aïant led. s^r roy de Navarre mis toutes ses forces ensemble, il luy seroit très haise de surprendre beaucoup de villes, par conséquent se rendre maistre du païs de Gascoigne si promptement il n'y est pourveu. — Veu toutes ces considérations, estant Condom plus près de Nérac qu'autre ville, craignant d'estre les premiers attacqués, ilz seroient veneus en conférance Messieurs du clergé, de la noblesse et des habitantz dud. Condom. — Il a esté arresté que la noblesse sera receue aud. Condom; ceux qui auront des commodités les y aporteront et si entretiendront. L'on leur baillera lougis, tauxans vivres, et n'aïant quelques ungs de la noblesse moïen de s'y entretenir, l'on leur en donnera, néanmoings passage et retraicte aux serviteurs du roy, s'il est besoing.

D'autre part, fairont louger quatre compaignies de gendarmerie qu'ilz ont choisies ausd. lieux fermés leurs voisins, et seront prins pour leur entretènement des deniers du clergé, sur le tempourel, des deniers de la convention promise aulx Estatz tenus à Agen, à M^r le Marcichal de Mathignon, lesquels deniers luy ont esté offers soubz condition qui seront emploiés pour la deffence dud. pays et délivrance de leurs misères, et non autrement.

Oultre ce, il a esté arresté qu'ilz seront depputés des personnes capables pour le supplier de se ouppouser aulx entreprinses que les ennemys pourroient faire sur le pays, suivant la promesse par luy faicte en cas avenant qu'il seroict occupé alieurs, qu'il luy plaise avoir à gré l'ourdre et estat de ce dessus, avec permission de prendre les deniers susdits.

Il y a ung gentilhomme qui aïant esté à cesd. assemblées, en voïant la belle résolution qu'ilz avoient faict, a prins charge de le

---

[1] Le 4 août 1587, le maréchal était au Port-Sainte-Marie. De ce lieu il écrivait au sindic de la noblesse de Comminges : « M^r de La Hilière ce petit mot sera pour vous prier de ne falhir de vous rendre dans quatre jours à Condom, ou envoyer homme capable avec *Mémoires* ou *Instructions* pour adviser aux affaires du pays. Espérant que ny ferés faulte je ne vous recommanderay davantage, priant Dieu vous donner, M^r de La Hilière, ce que désirés. — Au Port-Sainte-Marie, etc. — Vostre entièrement bon et parfaict amy : Matignon, *signé*. Vous amènerés avec vous, s'il vous plaict, le scindic du Tiers-Estat. » — (États de Salies, août 1587.)

faire savoir aulx provinces du costé de deça la rivière de Garonne, et voir si on se pourroict associer ensemble, qui seroict une très grande bénédiction, au service de Dieu, auquel nous sommes déjà voués, et conservacion de nostre prince et souverain, et de son authorité, de nos vies et biens, ces trois choses nous doibvent appeler n'aïant aulcune mauvaise intention dans nos âmes. — Estant très certain que Rouergue, Quercy et Agenès, delà la Garonne, se sont associés, l'on ne peut faillir de suivre ce beau chemin. — Led. gentilhomme l'a faict assavoir et démonstré à m^r le grand vicaire d'Aux et aux habitantz de lad. ville, comme aussi aux sindicz de Rivière-Verdun, et mesme à la noblesse et au peuple du comté d'Astarac. Il reste à sçavoir l'intention de ceux de Commenge, et après, si toutes les volontés desd. provinces sont conformes à ung mesmes effet, il fauldra donner ung rendès-vous où certains personages depputés des Estatz se treuverout, pour se donner la foy de secorir les ungs les autres.

Néanmoings chercher et depputer certains personnaiges des Trois Estatz pour représenter en corps aud. seigneur maréchal le règlement que par nécessité aurions esté constrainctz d'y mettre et le vouloir avoir à gré, ou bien qu'il nous oste luy-mesme de captivité, car, Dieu mercy, il y a assés de subiect de s'en plaindre. — Et quant bien il ne vouldroict faire ny l'un, ny l'autre, ny treuver bon l'ordre qui y avoict esté mis, les depputés passaront oultre et s'en iront plaindre au roy affin que sa Majesté ne puisse estre abrenée (*sic*) que l'on se soict associé pour aultre intention que pour son service. — Et comme ceulx de Condom ont fait élection de quatre cappitaines de gendarmes, les autres provinces en porront choisir de mesme comme il leur plaira, car, Dieu mercy, il y en y a assés pour toutz.

Estant faicte l'association, il se pourra déterminer et régler la formalité de marcher et des commandemens, soict pour l'offencive ou deffencive. — Le principal est de faire promptement ce dessus avant que l'ourage tombe et que l'on ne nous treuve point en estat, lequel y estant rompra toutz leurs desseings.

Cote : « Minute de conférance envoyée par le s^r de la Ylère auparavant de la tenue des Estatz ».

(États de l'Isle-en-Dodon, juillet 1587.)

CV.

1587. — JUILLET.

REMONTRANCES DU TIERS-ÉTAT DE COMMINGES
AU MARÉCHAL DE MATIGNON.

Instructions bailhées à messieurs de Castetgualhard et Couchon[1] par messieurs du Tiers Estat du païs et compté de Comenge, pour aller devers monseigneur le mareschal de Matignon, lieutenant général du roy en Guyenne.

En premier lieu sera remonstré aud. seigneur mareschal la pouvreté et misère du païs en laquelle il est plongé, causant les cources, pilheries, ravages, bruslemens que ceulx de la nouvelle préthendue relligion que sont ez villes de Mauvezin, l'Isle-en-Jourdain, Mas d'Azil, Le Carla, les Bordes, Camarade, Clermont et aultres de la compté de Foix font, que aussi pour la gresle qu'a endommagé une grand partie dud. compté.

Et veu ce dessus supplier led. s^r mareschal nous laisser la companhie du s^r de Fontanilhes à la charge, comme il l'auroict pleu, de luy ordonner la paie d'ung cartier sur les deniers de la tailhe et tailhon, attendeu que led. s^r de Fontanilhes ne peult vaquer au hault et bas païs dud. Comenge, agréer aussi la nomination qu'a esté faicte par les Estatz, par permission de la cour de Parlement, en l'absence dud. s^r mareschal, et suivant la promesse qu'il en avoit faicte au depputé dud. païs le 22e d'apvril dernier, de la personne du s^r viscomte de Saint-Girons, cappitaine de cinquante hommes d'armes, avec vingt cinq salades, pour se tenir au haut païs de Comenge pour résister auxd. villes de Foix, Mas d'Azil, Camarade, les Bordes, Clermont et aultres de la compté de Foix, et pour l'entretien d'iceluy, ordonner estre prins le paiement des deniers que proviendront de l'imposition de 13.460 escutz faicte pour faire la guerre et entretènement de gens de guerre, suivant la promesse faicte par led. s^r mareschal.

Luy supplier aussi que lesd. troys moys finis, led. s^r de Fontanilhes sera entretenu au bas païs pour faire la guerre avec le nombre de quarante salades, comme led. s^r viscomte au haut païs avec led. nombre de vingt cinq salades, paiés sur lad. imposition, aux fins que demeurant desporveu led. païs de companhies, ne soict ravaigé et bruslé comme il est, et que lesd. ennemis ne se prévalent et enrichissent des ravaiges, deniers des tailhes et deniers prouvenantz des ecclésiastiques et temporels, et contributions qu'ilz lèvent ordinairement sur les pouvres subiectz catholicques dud. s^r, comme l'année le païs a expérimenté qu'aprés que led. s^r de Fontanilhes eust quicté la comté de l'Isle, ceulx

---

[1] Jean Couchon. premier consul de Muret.

de l'Isle-en-Jordain firent païer toutes les tailhes, dixmes, temporels, contributions que arréraiges d'iceulx aux circonvoisins, pour raison de quoy les ont entièrement apouvris et rendeu le païs désert et inhabitable, et mesmes ont constrainct le peuple à païer l'imposition par vous faicte à Agen.

D'alhieurs pour mieux nous guarentir desd. oppressions et fère les mandementz dud. s^r mareschal, luy supplier nous permectre, en cas de nécessité, sçavoir et mettre par rolle les messieurs de la noblesse et du Tiers Estat que se porroit assembler pour le service du roy et sien, et pour résister aux forces et oppressions que ceulx de lad. nouvelle relligion font aud. païs de Comenge.

Supplier aussi led. s^r mareschal de ne constraindre les pouvres habitantz dud. païs à fère aulcung despartement, ni lière de lad. imposition que jusques par tout le moys d'aoust prochain que la récolte aye esté commencé de faire, pour la moytié, et l'aultre moytié au cartier de janvier suivant, veu les grandes folles qu'a conveneu fère, l'année présente, tant de 4.000 escutz pour la reprinse de Puymaurin, que de 2.000 escutz pour les garnisons.

Et de tant que en lad. comté il y a plusieurs petites villes, chasteaux et aultres fortz appertenantz tant au roy que à sieurs aultres particuliers, que ne sont par culx guardés, et par ce moïen si l'ennemy s'en emparroict seroict grand perte et domaige pour le service du roy et bien du païs, supplier led. s^r mareschal que les fortz que ne sont habités et guardés, serront desmolis et desmantellés [1], avec l'advis desd. s^{rs} de Fontanilhes, viscomte [de Saint-Girons] ou aultre tel qu'il luy plairra, du pays.

(États de l'Isle-en-Dodon. — Juillet 1587.)

[1] Ce vœu entrait dans les vues du parlement. A plusieurs reprises, notamment en juillet 1586, la suprême cour de justice ordonna la destruction des places fortes en danger d'être saisies par les huguenots. « Veue la requeste présentée par le procureur général du roy, à ce qu'estans n'a guères réduictz à l'obéissance dud. s^r aulcuns chasteaulx, places et maisons fortes de ce pays, cy devant tenus et occupez par alcuns rebelles contre l'autorité de sa Majesté, et pour obvier que lesd. rebelles ne s'en puissent de nouveau emparer, et illec continuer les vouleries, courses, rançonnemens, murtres et aultres voyes d'hostilité que y ont esté commises par le passé, comme il y a advertissement qu'ilz proposent et s'efforcent de faire, il y fust pourveu en faisant desmolir et raser lesd. chasteaulx, places et maisons fortes.

« La court ayant esgard à lad. requeste, a ordonné et ordonne que lesd. chasteaulx, lieux, places et maisons fortes de la qualité susdite et réduictz à l'obéissance de sa Majesté seront démolis et rasez, ensorte que lesd. rebelles ne s'en puissent prévaloir, saisir et emparer... tous consulz et communaultés... ayans y apporter et emploïer, pour la prompte exécution de lad. démolition, les moyens et diligences convenables et nécessaires sur peyne d'estre responsables en leurs noms propres et privés, etc... » (Arch. du parlement de Toulouse, B. 100, fol. 246.)

CVI.

1588. — Avril.

Lettre des États de Comminges au maréchal de Matignon.

A noter dans ce document les frais causés au pays par la reprise de Saint-Bertrand et de Puymaurin, événements déjà éclaircis dans notre première publication. La fin de cette lettre est d'une véhémence éloquente.

Monsieur, nous avons en nostre assemblée des Troys Estats de Commenge veue une lettre de nostre depputé vers vous et sieurs trésoriers généraulx de France, escripte d'Agen, le vingt et huitiesme mars dernier, par laquelle il nous faict entendre que vous n'entandés consantir, ains empêcher la vériffication de nos lettres patentes du roy pour la descharge des restes des extraordinaires des années quatre vingtz et trois, quatre vingtz quatre, quatre vingtz cinq, et de la dernière quatre vingtz sept, mandés impozer par sa Majesté, moings agréer la déduction de la somme de cinq mil escutz employés pour le recouvrement des villes de Sainct-Bertrand et de Puymaurin, avec les intérestz que le pays en a payés à raison des foyres et termes de Lyon, que viennent à mil septante six escutz selon l'estat de nostre collecteur sur l'imposition par vous ordonnée à Agen, an moys de mars de l'année quatre vingtz sept, ny sur ce quy reste [1].

Pour raison de quoy sa Majesté nous renvoye vers vous pour nous en descharger, nous tenir en compte les despences de cinq mil quatre cens soixante escutz qu'ont esté faictes sur lad. imposition par vostre ordonnance de l'entretien de quarante sallades soubz la charge des sieurs de Fontanilhes et viscomte de Sainct-Girons, et garnisons des villes, ny encores deux mil trente trois escutz ung tiers que suyvant aultre vostre Ordonnance et rescription de Tarenque, commys de M^r le recepveur Bonnauld, a este baillée et payée au s^r de Fontanilhes pour la monstre d'un cartier de sa compaignie, avec quoy lad. imposition d'Agen est

---

[1] Matignon avait également réclamé les contributions arriérées par un billet daté de Moissac, 22 janvier 1588, et adressé aux consuls de Muret. Il leur écrivait : « Messrs les consulz. Je vous ay cy devant escript de m'envoyer le scindic et collecteur du pays de Cumenge qui ne tiennent compte de satisfaire à ce quy est deu au roy des années précédentes. J'envoye ce porteur au delà auquel vous assisterez de la main forte et tiendrez la main à l'exécution des contrainctes qu'il a contre lesd. scindiez et collecteurs, à ce que le service du roy ne demeure retardé à faulte de ce, et sur ce prie Dieu qu'il vous doinct en santé longue vie. Vostre entièrement amy : MATIGNON ». — (Etats de Samatan, fév. 1588.)

non seullement payée; mais bien surpayée de deux cents escutz, comme nous avons vériffié.

Aussy il nous advertist par mesme lettre que vous estes bien fasché contre nous et nos scindicz quoy que n'ayons jamais manqué au debvoir deu au service de nostre roy. Ce que nous a fait escripre ceste cy pour vous faire très humble requeste et supplication, voulloir entendre nostre depputé en ce qui est de sa charge, et nous pourvoir selon le besoing et nécessité que ce pouvre pays en a, et l'espérance qu'en avons tousjours eue et la raison aussi nous accompaignie.

Car quant aulx restes des impositions extraordinaires mandées faire par commission du roy esd. années, sa Majesté nous en descharge entièrement et les nous donne. Il fault donc suyvre et entretenir les voulloir et intention du roy. Il est vray que messieurs de recepveurs préthendent que les restes desd. années montent plus que la descharge, selon les *Estatz* des recepveurs particulliers ; mais il est certain que en la descharge est contenu tout ce monte l'estraordinaire, et si rien est deu, cella pourroict estre de l'ordinaire ou de ce que quelques aydes portent, lesquelles ne payent rien puys quelque temps, attendu que l'ennemy les occupe.

Pour raison de quoy lesd. recepveurs les baillent en reprinse comme est de Lescure, Montbrun, Sainct-Sever, Bigorre et aultres. Si de l'ordinaire est rien deu, fault voir par qui et que lesd. recepveurs constraignent les débiteurs, selon les mesmes patentes, non poinct le corps du pays qui a tout payé et ne doibt rien, ny ne peult estre constrainct pour eulx et l'aultruy.

Aultant en est-il de la traicte foraine, de quoy le roy nous descharge aussi par aultres lettres patentes du cinquiesme aoust. Pour le regard de l'imposition d'Agen, par vous, monsieur, ordonnée, qui monte treitze mil quatre cens soixante escuts au corps de la compté et ses aydes, nostre dict depputé vous peult avoir faict entendre comme elle est entièrement acquittée et surpayée, six mil septante six et tant d'escutz. Pour Puymaurin et Sainct-Bertrand, cinq mil quatre cens soixante escutz employés selon vostre dicte ordonnance à la garnison des villes et solde de quarante sallades, font onze mil cinq cens trente six escutz, et avec deux mil trente trois escutz, ung tiers, fournys au sieur de Fontanilhes revient tout à treitze mil cinq cens soixante neuf escutz.

Voylà donc comme le corps de la comté, qui ne porte pour sa portion de lad. imposition que huict mil dix escutz, a surpayé, et fault encores que la portion des aydes vienne au corps si ainsin vous plaist, par ce qu'il a esté despendu comme dict est.

Bien est vray que, non obstant cella, le recepveur a prins et prend chesque jour desd. aydes qu'il constrainct, et non seullement eulx, mais encores les habitans de la compté, tellement qu'il y a plusieurs prisonniers présentement pour vostre dicte imposition que n'est que mangerie au pouvre peuple. Nous vous supplions donc, monsieur, ayant agréable la déduction que le roy nous a faicte et les despences susdites, nous tenir quittes de lad. imposition et faire eslargir les prisonniers, et cesser toutes exécutions et constrainctes, du moings contre les habitans de la comté, qui ne doibvent, ains leur est à venir.

Celluy qui vous a donné advis que les despences de Puymaurin et Sainct-Bertrand ont esté cottizées, ne c'est pas trompé, sy ce n'est en tant qu'il a advancé que c'estoit de nostre authorité, ayant au contrère esté faict touchant Puymaurin, de vostre authorité et permission, et en vertu de l'ordonnance donnée au camp de Villeneuve le vingt et quatriesme apvril huictante sept, et ce qui est de Sainct-Bertrand feust impouzé par vertu de l'arrest de la court pourtant constraincte de payement, et à ces fins permission.

Ainsin, Monsieur, vous voyés que les Estatz n'ont poinct impouzé de leur authorité, mais de la vostre et de la cour de Parlement. Mais ceste imposition n'empêche pas que le pays ne doibve jouyr de la déduction que le Roy nous faict sur voste dicte imposition, laquelle n'a poinct esté receue, ny faicte, comme aussy ne la conviendra faire puisque la comté en demeure quitte pour aultre voye.

Aussy, monsieur, nous vous supplions ne croyre rien de ce qu'on vous a dict que nostre pays avoit mys quelques trouppes de gens de guerre sus, ains l'avons-nous empêché tant que nous a esté possible, et l'empéchons-nous encores en estans en procès en la cour de Parlement de Tholose, attendant ce qu'il vous plairra en ordonner sur la remontrance que nostred. depputé a charge de vous en faire; et non obstant cella on nous veult constraindre à contribuer, et pour ceste occasion, ces trouppes qui sont à Sainct-Lys et Saincte-Foy-[de-Peyrolières], villes de Rivière, conduictes par le sieur de Bérat, nous ont prins à force d'armes les bestailhs à l'entour de Muret et Sainct-Julien, et plusieurs aultres lieux de Commenge, de quoy nous faisons enquérir, et seroit bon, s'il vous plaisoyt, Monsieur, en escripre aud. sr de Bérat, luy commander de rendre ces bestailhs prins, et luy deffendre de continuer ses viollances, attendu que c'est en vostre gouvernement.

Nous vous supplions donc, Monsieur, avoir pityé de ce pouvre pays et ne permettre qu'ainsin soyons mangés en toutes façons, les ennemys d'un cousté et les catholicques de l'aultre, de manière que nous sommes à la faim et au désespoyr. Ne pensés pas, Monsieur, que les vizites que ces commys nous font apportent peu d'incommodité et despences aulx subiectz de sa Majesté, car il se trouvera que despuys ung an ils ont tiré de ce pouvre pays, sans toucher aulx Aydes, à cause de vostre imposition, plus de cinq cens escutz, oultre que les emprisonnemens en coustent deux foys aultant, et si pour cella n'entre pas plus d'argent ez receptes, car prouveu qu'il y ayt de l'argent pour eulx, ou qu'on leur en veulhe bailler, ilz s'arrestent vollontiers et nous sommes constrainctz souvent de conditionner avec eulx pour esviter le pire, veu nostre impuyssance. Il vous plairra nous y pourvoir comme aussy à ce que nous soyous ung peu protégés des oppressions des ennemys qui ravai-

gent tout et font cesser le laboraige, sy prennent les tailhes du roy, et
en attendant ce qui sera de vostre plaisir nous prions Dieu vous
donner, Monsieur, en bonne saincté, longue et heureuse vye, avec prospérité de vostre estat et grandeur.

A l'Isle-en-Dodon, ce 9ᵉ apvril 1588.

Vos humbles serviteurs :
Les Gens des trois Estatz de Commenge.
Par Messieurs des Estatz : BERTIN, *secrétaire du pays.*

(États de l'Isle-en-Dodon, avril 1588.)

CVII.

1587. — 28 SEPTEMBRE.

LETTRE D'HENRI III DE NAVARRE AUX ÉTATS DE COMMINGES EN FAVEUR DE M. DE LAMEZAN.

De par le roy.

Très chers et bien amez. D'aultant que nous avons ordonné au
sʳ de Lamezan reassembler la compaignie de noz Ordonnances
dont il a la charge, pour, avec icelle, nous venir trouver en nostre
armée le plus promtement qu'il pourra, et qui luy conviendra
pour cest effect faire grande despence, mesmes pour ayder aux
hommes d'armes et archiers à se remonter et remettre en équi-
page, à quoy il est très raisonnable qu'il luy soit donné moyen
de satisfaire, ce que ne pouvons maintenant en noz finances
ordinaires, pour les grandes charges qu'avons à supporter, à ceste
cause nous vous prions, et néantmoins ordonnons que vous ayés
à délivrer comptant aud. sʳ de Lamezan la somme de deux mil
escus pour luy ayder à soustenir les fraiz qu'il luy conviendra
faire à remettre sus et conduyre lad. compaignie, suyvant nostre
commandement, et ce par advance sur les deniers qu'aurés à nous
payer, en l'année prochaine, des impositions ordinaires et extraordinaires, sur laquelle lad. somme de 2.000 escus vous sera pré-
comtée et défalquée par les Trésoriers généraulx de noz finances,
rapourtant la présente et quittance dud. sʳ de Lamezan. Sy n'y
faictes faulte sur tant que vous aymés le bien de nostre service.

Donné à Remorantin, le 28ᵉ jour de septembre 1587.
HENRY.

Et plus bas : DE NEUFVILLE, *ainsin signés.* — Et au dessus est escript : « A nos très chers et bien amez les gens des Trois Etatz de nostre pays de Comenge. » En marge, Raymond BERTIN, greffier des États, a écrit : « L'original a esté envoyé à Mr de Combis, sindic, estant à Moissac, pour le monstrer à Mr Martin, général. »

(États de Samatan, février 1588.)

CVIII.

1589.

A PROPOS DE LA PRISE ET DÉLIVRANCE DE SAMATAN.

Nous avons publié précédemment[1] les diverses pièces qu'une première enquête nous avait permis de découvrir sur la prise de Samatan par de Sus, en octobre 1589. Voici toutefois quelques documents supplémentaires relatifs à ce fait important dans l'histoire des troubles du seizième siècle en Comminges.

1. — DÉLIBÉRATION DES ÉTATS POUR LA REPRISE DE SAMATAN.

A cette assemblée, tenue le 5 novembre 1589, à l'Isle-en-Dodon, devant le juge de Comminges, assistaient : Vital Suau, vicaire général de Lombez ; Jean de Comminges, baron de Péguilhan ; Philippe de La Roche, baron de Fontenilhes ; Jean de Lambez, s^r de Savignac ; François de Polastron, s^r de la Hilière, sindic de la noblesse ; Bernard de Lamezan, s^r de Juncet ; Odet de Goyrans, s^r de Montagut ; Jacques de Martres, s^r de Gensac de Rivière ; François de Noé, s^r de Montesquiou ; de Salerm, de Bérat, de Noalhan fils[2], Jean-Pierre de Corraze et de Pimbert, s^r de Bérat,

---

[1] Voy. *Huguenots en Comminges,* première série, p. 158 et suiv. A la page 154 identifiez *Jean Cousso* avec *Jean Arasse* qui est un mot mal lu et désigne Cousso, consul de Samatan, celui qui prépara l'invasion de la place.

[2] Odet de Touges, s^r de Noalhan, envoya son fils aux États à sa place, n'ayant pu s'y rendre lui-même. Il donna le motif de son absence dans une lettre écrite de Noalhan (châtellenie de Samatan), aux membres de l'assemblée convoquée à l'Isle-en-Dodon. « Messieurs, écrivait-il le 3 novembre, je n'ay osé laisser ce lieu, ni habandonner mes subiectz pour ce que j'en ay l'ennemy sy près qui sont journellement à nous surprendre, et s'en assûrent [*c'est-à-dire :* et en prennent l'assurance]. Toutesfoys je n'espargneray la vie à les en garder et conserver la place et mes subiectz comme ay faict jusques à présent. Je mande à mon filz qui est à Lombès qu'avec la licence de Mr de Salerm, son cap^ne, il vous aille

capitaine de cinq cents hommes d'armes ; Géraud de Baudéan, etc.

« Auxquels led. s[r] juge a remonstré avoir faict assembler les Estatz en ceste ville pour délibérer sur la reprinse de Samathan, puys peu de jours prinse par les ennemys de Dieu et du puble, et à ces fins que chascung y doibt rapporter tous leurs moyens, et après plusieurs aultres remonstrances, ouy le scindic du Tiers Estat, a remonstré qu'il est très expédient de les en tirer pour la conservation du païs et pour la conséquence et dangier qu'est aud. païs.

« M. le vicaire général de Lombès, pour l'Esglise, est d'advis fère ung gros d'armes et reprendre la ville de Samathan par la force d'armes, sans les espraigner et au plus tost, attendu que l'affaire requiert célérité.

« M. le baron de Péguilhan a offert tous ses moyens à cet effect. — M. de Fontanilhes dict qu'il fault assiéger lad. ville en diligence et s'en résouldre promptement, offre y appourter sa vie et moyens, et lorsqu'il sera commandé par Mr du Mayne il s'employera, et non pour M. le marquis de Villars, ny aultre. — M. de Savinhac est d'advis de les forcer et d'y employer leurs vies et biens, et est d'advis qu'on y despendre, à cest effect, cinquante mil livres, que dix mil en garnisons, ny aultre moyen, offrant tous ses moyens. — M. de La Ylhère : Attendu que ne pouvons avoir moyen que par le moyen de M. le marquis de Villars, est d'advis de le prier et ny espraigner rien, vert ne sec. — M. de Juncet, *idem*, et les en tirer à la force ». Opinent dans le même sens MM. de Salerm, de Beaudéan, de Gensac, de Montagut, de Montesquieu. « M. de Noalhan, fils, pour M. de Saléon, offre soixante salades. — M. de Bérat, qu'on les en doibt tirer à la force, et à cest effect offre mil arquebousiers payés et soldoyés, à la charge de les bailler vivres et ustencilles, en lui en payant les quatre cens ».

L'avis du sindic de la comté d'Astarac est d'obtenir du parlement de Toulouse les tailles, décimes et autres deniers accoutumés.

trouver pour recevoir voz commandementz et advis à m'ayder en cest affaire, de quoy vous supplie y avoir esgard, et je demeureray à jamais, Messieurs, vostre bien humble et assuré amy, désirant vous faire service : DE NOALHAN ». — (États de l'Isle-en-Dodon, nov. 1589.)

« Les consulz de l'Isle-en-Dodon accordent le siége, et les en tirer par la voye de la force sans entrer en aulcune composition. » C'est aussi le sentiment des consuls de Muret. Ceux de Samatan ajoutent que les ennemis ont mis quarante maçons en cette ville pour construire une citadelle. Les autres consulats opinent de la même façon. Il est donc arrêté : « Que la ville de Samathan sera assiégée et que chascung y apportera ses moyens ».

*
* *

« Le lendemain, 5e desd. moys et an, se sont assemblés tous les susd. seigneurs auxquels le s^r de Fontauilhes a baillé l'estat pour l'artilherie et charroy de l'artilherie, lequel, leu et entendu, a esté advisé aux moyens et pour recouvrer soldatz.

« Le s^r de Montagut a demandé les membres pour les 400 hommes que le païs faict à la bolugue[1] : luy a esté accordé deux cappitaines et quatre sergens et un sergent majeur.

« Les chefz des chastellenies tiendront prestz les soldatz, chascung selon ce que leur touchera à la bolugue, suyvant l'arrest des Estatz, et en défault est permis au s^r de Montagut en prendre d'ailleurs. — Arresté, veu le dangier de la contagion qu'est à Muret, y sera porveu et délibéré à la première assemblée, cependant la garde continuera veu l'importance d'icelle, attendant les Estatz généraulx. — Les Aydes ont offert fère leur devoir et avoir les soldatz.

« Messieurs [les consuls] de Lombès ont offert avancer la solde pour dix jours aux gendarmes que présentement seront ordonnés pour se tenir à Lombès, à la charge d'estre indempnisés, et où Messieurs du Bureau ne les rambourcera et dorra assignation, le païs les relèvera en argent ou bled. Et à c'est effect a esté accordé soixante salades, comprins les estatz et chefz, pour dix jours seullement, à compter d'aujourd'huy, et pendant led. temps y seront mis septante soldatz arquebouziers, et M. de Fontauilhes et de Salerm demeureront à Lombès, chascung avec trente salades. — Pour recouvrer l'artilherie, Messrs de Savinhac et de Baudéan avec Messrs Ribayran et Mr Combis ont esté depputés. »

---

[1] Les hommes étaient levés à raison d'un soldat chaque dix bolugues.

***

« A esté arresté que MM. de Savinhac, Baudéan, Ribayran, Combis et Bertin, depputés, se transporteront en Tholose vers M^r le marquis de Villars et cour de parlement et bureau de Guyenne pour requérir, prendre et recevoir quatre pièces de canon, une moyenne, avec munition pour tirer 1.200 bolées de canon, et à ces fins s'en obliger aux despens du général dud. comté et des quatre provinces et diocèses expéciffiés à la délibération des Estatz généraulx de Guyenne tenus à Sainct-Ciprien, au mois de septembre 1589; pour requérir aussi la venue dud. s^r marquis et de telles forces que la ville de Tholose nous vouldra ayder, tant de cavalerie que infanterie, ausquels depputés ceulx dud. païs ont promis relever indempnes, et où ne le pourront obtenir aux despens des quatre provinces et diocèses, s'obliger de lad. conduicte et fraiz qui en dépendront aux despens du général et recepte dud. comté, sauf à demander rembourcement sur lesd. autres provinces et diocèses.

« A esté arresté que lesd. s^{rs} de Baudéan et de Savinhac et autres depputés requerront la cour de parlement de Tholose et messieurs [les capitouls et bourgeois] de Tholose de leur bailler et délivrer lesd. poudres, artilheries et munitions, et où ne le vouldroient faire sans et soubs la charge et conduicte de M^r le marquis de Villars, l'accepteront à quelque façon que ce soit, et au cas leur sera délivré, le païs a arresté que les s^{rs} de Fontanilhes et de Savinhac commanderont. »

(États de l'Isle-en-Dodon, nov. 1589.)

2. — EMPRUNT DE PIÈCES D'ARTILLERIE AUX CAPITOULS DE TOULOUSE.

Le 6 novembre 1589, dans le couvent des Jacobins de l'Isle-en-Dodon, Vital Suau[1], official, vicaire général de l'évêque de Lombez, Philippe de La Roche, baron de Fonteuilhes, François de Polastron, Bernard de Lamesan-Juncet, Bernard de Tersac, Jean de Comminges-Péguilhan, Odet de Goyrans, Bernard de Noé, Jacques de Martres, s^r de Gensac de Rivière, etc., sont réunis aux consuls des châtellenies du pays de Comminges, à

[1] *Vitalis Suavis Reomanus*, dit le texte; c'est-à-dire : Vital Suau, de Rieumes.

l'occasion « du siège à faire devant la ville de Saint-Mathan surprinse, le 20ᵉ du moys d'octobre dernier, par les huguenaulx hérétiques, pour la reprinse d'icelle ». Ils délèguent Jean de Lambès, sʳ de Savignac, Géraud de Baudéan, Mathieu de Ribayran, et François Caubet, consul de Lombez, pour aller à Toulouse supplier le Parlement et les capitouls « leur vouloir deslivrer quatre canons et une mézoline, les munitions pour tirer 1200 bouletz dud. canon, chevaulx, attelaiges et toutes autres choses requises et nécessaires pour led. siège et reprinse dud. Saint-Mathan, et aussi pour emprunter la somme de 3.000 escus oultre les sommes promises d'avance par Mᵉ Jehan Lavergne, trésorier dudit pays [1].

(Archives municipales de Toulouse : AA 20. — 193.)

3. — Lettre de MM. de La Ylhère et de Lamezan-Juncet a Lavergne.

Lavergne, trésorier du Comminges, est prié de payer à Mᵐᵉ de Lamezan les avances fournies par elle pour la reprise de Samatan.

Monsieur La Vernie. Nous sommes journellement pressés de madame de Lamezan pour le payement de ce que le païs luy a ordonné. Nous ne savons asture ycy quelle excuse prendre, veu que le païs vous a de tout payé. Ni vous, ny nous ne pouvons nyer qu'il ne soyt fait un grand tort à lad. dame, attendu qu'il a fait eslargir les ostages pour la redition de Samatan, par le payementz qu'elle en a fayt, à son grand intéretz. Nous vous prions de ne la fère plus dislayer, ains luy fère rayson le plus prontement que pourrés, comme vous savés qu'est l'intention du païs. Nous avons veu par les contes que vous [vos] commis de La Isle [-en-Dodon] et d'Auriniac n'ont bailhé que dix et huit cens deux escuz cinquante-cinq sous, tellement que vous devriés encores quatorze cens nonante sept escuz cinq souz que vous bailherés à lad. dame de Lamezan, ou autre de son mandement, en vous faysant fère aquit vallable pour nous en fère relever, et en vertu de la présente, moyennant led. acquitz, nous vous promettons vous le fère alouer à vos contes au païs ; et vous prierons encores ung coup de n'estre cause que nous soions davantage reserchés pour

<hr>

[1] Pièce signalée par M. Alphonse Vignaux, ancien archiviste de la ville de Toulouse.

cette occasion, espérant que ne vouldriés manquer; vous ferés estat que sommes, Monsieur La Vernie, vos affectionnés amis à vous servir.

La Ilère. — Junset.

A Lamesan, ce xᵉ mars 1591.

[Suscription de la main de Ribayran] : « Je vous prie parachever de fère le compte de ce qu'est deu à lad. dame ou à celuy qu'aura charge d'elle, veu que la volonté de païs est telle. Je demeure vostre amy et serviteur, Ribayran. »

A monsʳ, monsʳ La Vernhie, trésorier de Comenge, à Tholose.

Cote : « Lettre de mˡˢ de scindix de Comenge portant mandement de payer à madame de Lamezan pour 750 escus ».

(États de Salies, avril 1591.)

4. — Requête des cordeliers de Samatan.

Supplie humblement le sindic des religieux Saint-François de la ville de Samatau que pour raison de la ruine que leur a esté pourtée si devant par ceus deu contraire party en leur maison, auroict esté mis en telle disette et nécessité qu'ilz ne treuvent remède pour vivre, moins pour rendre habitable un peu de bastiment que par vos libéralités auroict esté commeusé en leur maison.

Ce considéré, mesmes veu que vostre assemblée n'est faicte à aultre fin que pour l'avaucement de l'Esglise apostolique et romaine, et consolation des pouvres désolés, plaise à vos grâces user de vos libéralités ordinaires et despartir de vos faveurs et commodités ausd. supplians tant pour led. bastiment que norriture, et ce faisant, Dieu en sera plus parfaictement révéré et lesd. religieux continueront les prières pour vostre prospérité et de toute la patrie.

Taxé : vi escuz.

(États de Muret, mars 1594.)

5. — Autre requête des cordeliers.

A vous, Messieurs des Estatz... assemblez en la ville de Samathan.

Les religieux cordeliers du couvent de lad. ville de Samathan vous font très humble remonstrance qu'ayant lad. ville esté surprize par les héréticques, led. couvent feust par eux pilhé, saccagé, et après mis à feu, et par ce moyen consommé tous les édifices et habitations qu'estoient en icelluy, sy que n'y seroit resté que quelque partie des murailhes en pied comme il est notoire et occulaire à ung chascung, et que du despuis, lesd. religieux au moyen des aulmosnes pies à eux faictes ont faict couvrir et réparer la chapelle des Cinq Plaies, ensemble une petitte habitation pour avoir moyen de faire le divin service, tant de jour que de nuict, comme ilz font avec beaucoup d'incommode pauvreté. Occasion de ce, et qu'il leur est besoing amplifier lesd. chappelles et habitation, tant pour la comoditté du peuble quy y vient faire sa dévotion que pour l'ordinaire habitation du nombre des religieux quy doibvent y habitter, vous font très humble supplication et prière, en considération de ce que dessus est dict, et pour leur donner moyen aulgmenter leursd. réparations nécessaires, estre vostre bon plaisir leur aulmosner telle somme de deniers qu'il vous plairra pour estre employée à l'effaict que dessus, et ordonner icelle leur estre deslivrée par le receveur des tailhes dud. païs et comté sur tel quartier de la présente année qu'il vous plairra, et lesd. religieux prieront Dieu pour la conservation et prospéritté de l'estat dud. païs et comté, et de vostre assemblée, et pour le particulier de voz personnes.

(États de Samatan, décembre 1605.)

6. — REQUÊTE DES MINIMES DE SAMATAN.

A vous messieurs des Troys Estatz... assemblés en ceste présente ville de Samathan.

Supplie humblement les pouvres religieulx Minimes du couvent Saint-François de Paulo, dict Sainct-Roch hors les meurs de ceste présente ville de Samathan, que comme ilz seroient affectionés pour le zèle de l'honneur de Dieu qu'ilz ont devant les yeux de réparer et parachever leur esglise et couvent desmolis en ses guerres dernières par les hérétiques, pour y pouvoir faire le divin service, et n'auroient les moïens de ce fère s'ilz ne sont aydés par les aumosnes tant générales que particulières de ceux qui respirent mesme piété qu'eux, voyant que par la grâce de Dieu vous estes zélés à la religion catholique et symbolisés par vostre

charité à leur affection, et avés le governal en main de la distri-
bution nécessaire à la manutention de l'Estat de ce compté et de
la dévotion qui est plantée par vos devantiers. Il vous plerra de
vos grâces leur vouloir ordonner une aumosne sortable à ce qu'ilz
puissent réparer et remètre leurd. esglise et couvent, et qui corres-
ponde au zèle que vous et eux respirés par ensemble, à ce que
l'honneur en redonde à Dieu, et que vous en recueillés le fruict
devant sa face, comme ilz le supplient. Et ferés acte digne de
vostre devoir et de mémoire qui en sera conservé au ciel à tout
jamais, ainsin soit-il.

(États de Muret, décembre 1605.)

CIX.

1589. — Mars.

La Ligue en Comminges.

Le récit que nous avons donné de la première adhésion de nos États
à la Ligue, en 1589, est rédigé d'après un extrait de délibération de
l'Assemblée à ce sujet [1]. Aujourd'hui nous avons en mains le procès-
verbal complet et officiel de cette mémorable séance, il a sa place mar-
quée dans le présent recueil.

1. — La Ligue acceptée par les États de Salies.

† Jhesus, Maria.

L'an 1589 et le 22e jour du moys de mars, en la ville de Salies, ont
esté convoqués et assemblés honorés seigneurs messire François Bonard,
évesque de Coserans; Vital Suau, official et vicaire général de Mgr l'éves-
que de Lombez, pour le clergé; Me Sébastien de Casalas, juge de
Commenge; Anthoine de Comenge, baron de Péguilhan; Philippes de
la Roche, baron de Fontanilles; Jehan de Lambés, s^r de Savinhac;
François de Polastron, s^{gr} de la Ylhère, et Bernard de Lamezan, s^r de
Junsset, scindicz de la noblesse; Baptiste de Lamezan, s^r dud. lieu;
Ogier de Toges, s^r de Noillan; Bertrand Ysalguier, s^{gr} de Monfaulcou;
Odet de Goyrans, s^r de Montagut: Jean-Jacques de Terssac, baron de
Monberaud; Jacques de Martres, s^r de Gensac-de-Rivière; Jehan-
Ramond de Pins, s^r dud. lieu; Jehan de Comenge, s^r de Roquefort;
Melchior de Vandomoys, s^r de Taurinhan; André de Solau, s^r de Sabo-
lies; Arnauld de Meretenx, s^{gr} d'Encasseing et de Villeneufve; François
de Martres, s^r de la Fitte; Nicolas d'Encausse, s^r du Puy de Touges:
Me Jehan Bertin, docteur, procureur aud. pays: tous pour la noblesse.

[1] Cf. *Huguenots en Comminges*, Ire série, page 153 et suivantes.

Et pour le Tiers-Estat :

Mes Bernard Sendrané, licentié, et Pierre Deprat, consuls de Muret ; Arnaud de Cotray, bourgeois, et Jehan Cousso, consulz de Samathan ; Jehan Cassainhe et Jehan Brugière, consuls de l'Isle-en-Dodon ; Me André Castet, depputé ; Pierre Sentis, consul, et Me Bernard Mulatier, pour Aurinhac ; Me Pierre Vergery, consul de Saint-Julien ; Me Jehan Dechen, licencié ; Pierre Sedran, Dommenc Galin et Jehan Abbadie, consuls de Salies ; Rolland Courtaige, consul de Castillon ; Me Ramond Leport, depputé d'Aspet ; Bertrand Grès et Pey de Grès, consuls de Fronsac. Consul de Sainct-Lézé, Me Arnaud Boffartigue ; consul de Lombez, Me Mathieu Ribayran, sindic du Tiers, et plusieurs autres assistans.

Et pour les aydes :

Me Bernard Cabalbi, sindic de la vicomté de Coserans ; Me Jehan Sabou, docteur, consul de Sainct-Girons ; Me Dominique Cestac, depputé pour les Fittes et Affites, et Tournay ; Me Bernard Bessan, depputé d'Encausse et Mauléon ; Me Rieule, depputé de Montespan.

Lesquels assemblés dans la maison de Bertrand Bertier, s^r de la Franquetat, seroit venu Mr Me Pierre de Hautpol, conseiller en la Cour de Parlement de Tholose, commis et délégué d'icelle, et après avoir esté assis le premier en rang, auroit remonstré et faict entendre la cause de délégation et donné lettre ausd. sieurs des Estatz de la part de lad. Cour, laquelle a esté receue avec tout honneur et révérence, ensemble les *articles* par lad. Cour faictz et envoyés touchant la saincte foy et union, et soustien d'icelle en l'Esglise catholique, appostolique, romaine, et manutention du païs en icelle.

Et ce faict, tant lad. lettre missive que *articles* auroient esté leuz au long, lesquelz leus et entendeus, et communiqués à chascung particulièrement, sont venus aux oppinions :

Monseigneur l'evesque de Coserans, après sa remonstrance faicte, dict qu'il ne veult espargner vie, ne biens, contre les hérétiques et perturbateurs du repos public, qu'on se doibt unir et joindre à la Cour de Parlement de Tholose pour l'extirpation d'iceulx et de l'hérésie, sans excepter personne, touteffois et attendu que le Roy est catholique, que le Sainct Père n'y a encores pourveu contre luy, pour ne rien attenter contre sa volonté, attendu sa permission, sans préjudice de la saincte Union et Ligue, qu'il offre présentement jurer avec les *articles*, de poinct en poinct, combien qu'il l'aye jurée une aultre foys.

M. le viccaire général de Lombès ayant aussi discouru au long, a conclud qu'on se doibt joindre avec lad. Cour de Parlement, jurer l'Union et saincte Ligue, et observer et garder le contenu des *articles* de poinct en poinct, sans préjudice des priviléges du pays.

M. le juge de Comenge est d'advis de se joindre et unir avec la Cour de Parlement, jurer l'Union et *articles* présentés par icelle et les observer de poinct en poinct sellon sa forme et teneur, sans préjudice des priviléges du pays.

M. le baron de Péguilhan... [En blanc.]

M. de Fontauilles. Qu'il ne veult venir contre le roy, ni contre le serment par luy presté lorsqu'il luy donna l'Ordre, bien veult jurer tous les *articles*, réservé cella, les maintenir et faire valoir envers tous et contre tous, et expouser sa vie et biens pour la Cour de Parlement de Tholose, soustien d'icelle et de la ville de Tholose, et se joindre et unir avec iceulx.

M. de Savinhac. Attendu que le Roy est bon catholique et que pour soustenir la foy catholique il leur a donné l'Ordre auquel ilz ont promis fidélité, et à ces fins faict serment solenne, qu'il ne veult attenter contre sa majesté ; mais pour le regard des *articles*, saincte Union et Ligue, est d'advis de les observer et jurer de poinct en poinct, offre se joindre et unir avec la Cour de Parlement et ville de Tholose, et dépenser sa vie et biens pour le soustien d'icelle, et extirpation de l'hérésie et perturbateurs du repos public.

M. de la Ylère. Qu'il ne veult venir contre la couronne de France, bien veult mourir et vivre en la saincte foy catholique, apostolicque, romaine, qu'il soustien et a tousjours soustenue.

M. de Noillan est de mesme advis que M. de Savinhac, et a récité semblable propos et remonstrance.

M. le baron de Monberaud est d'advis de se unir et observer les *articles* de poinct en poinct, en la forme qu'ont esté leuz, et iceulx jurer.

M. de Montagut est de mesmes advis, oppinion et volonté.

M. de Genssac-de-Rivière, de mesmes.

M. de Rocquefort, de mesmes, touteffois ne veult venir contre le roy.

M. de Sabolies : qu'on se doibt joindre, unir et jurer les *Articles* en la mesme forme qu'ils sont.

M. de Junsset dict ne vouloir faire aultre serment que celluy qu'il a faict cy devant, aux Estats tenus en la ville d'Aurinhac, bien veult mourir et vivre en la foy catholique, appostolique, romaine.

MM. de Lamesan, de Montfaulcon, de Pins, de mesme.

M. de Taurinhan : qu'on doibt jurer et observer les *Articles* en la mesme forme.

M. du Puy de Toges : qu'il ne veult venir contre le roy; mais au surplus il despendra tousjours sa vie et biens.

M. de Villeneufve d'en Casseng : contre l'hérésie seulement.

M. Jehan Bertin, docteur, procureur aud. pays, après sa remonstrance faicte, a conclud qu'on doibt accélérer lesd. *Articles*, iceulx maintenir, garder et observer, se joindre et unir suyvant la volonté de la cour de Parlement.

Et pour le Tiers Estat :

Les consulz de Muret sont de mesme advis que led. s^r procureur.

Arnaud Cotray, ung des consulz de Samathan, a dict estre prest à jurer lesd. *Articles*, Union et saincte Ligue en la mesme forme qu'ont esté leuz.

Jehan Cousso, ancien consul de Samathan, a dict qu'il n'en feroit rien pour la court, si n'est par mandement du roy.

Les consulz de L'Isle-en-Dodon jureront et se joindront pour l'extirpation de l'hérésie et conservation du repos public.

Les consulz d'Aurinhac, de mesme advis.

Les consulz de Sainct-Julien : qu'ils sont prestz à jurer sans aulcune exception.

Les consulz de Castillon : pour l'extirpation de l'hérésie et soustien de la foy catholique, appostolique.

Les consulz de Fronsac veulent entièrement jurer et se unir.

Aspet : pour l'extirpation de l'hérésie.

Les consulz de Sainct-Lézé : pourveu qu'on n'obéisse à aulcun s^r qu'aye esté esgaré de la foy catholique, veult (*sic*) jurer et observer lesd. *Articles* et se unir sans aulcune exception.

Sainct-Girons : de mesme.

M. Cabalbi, sindic de la vicomté de Coserans : de mesme.

Les consulz de Lombez : qu'on ne doibt rien conditionner, ains qu'il fault jurer l'Union et *Articles* en la mesme forme qu'ilz sont, et quant à eulx, sont tous prestz à ce faire.

Me Mathieu Ribayran, scindic du Tiers Estat, après sa remonstrance, a dict qu'on doibt obéir à la cour, et partant, qu'on doibt accélérer la volonté d'icelle, jurer lesd. *Articles* sans aulcune exception, se unir et joindre, sans préjudice touteffois des priviliéges du pays. — Touts les susd. s^{rs} ont aussi dict et conditionné, sans préjudice, ny dérogation quelconques aux priviliéges du pays.

Et après le tout résolu, a esté arresté l'*Acte d'Union*, laquelle acte est à part escripte et signée entre les mains de M^r de La Ylhère.

2. — Opinion du Parlement de Toulouse sur cette acceptation.

Le xxve de mars 1589 s'estans réassemblés tous les susd. sieurs, le s^{gr} d'Auxilion a remonstré avoir envoyé la coppie de l'Union faicte par les Estatz à la cour de Parlement de Tholose, que luy auroict faicte response, laquelle il auroit leue et représenté que lad. Union est toute contraire aux *Articles* et intention de lad. cour et de ceulx qui les ont faictz et sainctement inveutés, requiert messieurs des Estatz, après plusieurs remonstrances, s'en desmettre et accorder ceulx qu'il a appoinctés de la part de lad. cour.

M. le vicaire général de Lombès est de cest advis.

M. le baron de Peguilhan ne veult faire aultre chose sinon ce qui a esté arresté par les Estatz et que cella doibt tenir, sans raison y ajouster ny diminuer, ains en la forme qu'a esté signée.

MM. de Savinhac, Lamesan, Noillan, Le Puy de Toges, Lafitte, La Ylhère, Junset, de Pins, Montagut, Taurinhan et autres : de mesme.

Les consuls de Salies, de mesme, et que pour s'en excuser à la cour et remonstrer les raisons pour lesquelles le païs a faict ceste union, et à ces fins y déléguer. — [Tous les autres chef-lieux de châtellenies : de même.] Conserans, de même.

Ouy sur ce MM. le juge de Comenge et procureur du roy : sont

de mesme advis, de envoyer ung gentilhomme et aultre capable
et souffizant devers la cour de Parlement...

Arresté que attendu que la cour de Parlement ne demeure souf-
fizamment satisfaicte, le pays y a délégué Mʳ le juge et Mʳ de
Montagut pour leur faire entendre de vive voix la résolution, et
la faire entendre à l'assemblée.

(États de Salies, mars 1589.)

En fait, les États de Comminges donnèrent leur adhésion ferme à la
Ligue, telle que la souhaitait le Parlement de Toulouse, aux États
d'Aurignac, en juin 1589. Le « commun populaire » fut le premier à
adhérer sans restrictions, la noblesse hésita un temps, puis se rendit.
Rappelons ici, en passant, le rôle décisif qu'au même moment Urbain
de Saint-Gelais, évêque de Comminges, jouait dans l'orientation de la
Ligue à Toulouse et l'agression qui lui fut imputée contre Lamezan et
Bazillac [1]. Un tel « excès » constituait alors pour nos deux Gascons un
redoutable certificat de royalisme. Mais quant à l'aspect commingeois
que revêt le massacre de Duranti et de Daffis par la participation morale
qu'y prit Saint-Gelais, je ne puis que renvoyer à mon étude : *Un
curieux groupe d'évêques commingeois* (p. 127 et suivantes).

[1] En l'assemblée du 25 mars 1589, à Salies, « sur la remonstrance faicte par
le seigneur de La Yihère, scindic de la noblesse, assisté de mᵉ Mathieu Ribayran,
scindic du Tiers-Estat, disant que bien que les Estatz soient libres et que fran-
chement chascun y puisse aller et revenir sans doubte, ny crainte, toutes foys le
sᵉʳ de Bazillac y estant venu en la compaignie du sᵉʳ de Lamezan, le jour
d'hier, s'en retournant, fut agredé en plein chemin par quinze ou vingt soldatz
armés de mosquetz et aultres armes à feu, prins prisonnier, admené et conduict
à la maison de mᵉ l'evesque de Comenge, au chasteau d'Alan, où estant, luy
auroict esté dict qu'on attendoit le sᵉʳ de Lamezan pour le conduyre mort ou vif
en Tholose, entreprinse très grande et très importante, attendu la liberté des
Estatz, et d'ailleurs que cela ne regarde pas seulement led. sʳ de Lamezan, mais
tous lesd. Estatz qui ont très grande occasion de se plaindre de l'entreprinse
faicte par les gens dud. sᵉʳ evesque de Comenge, lequel poussé d'animosité particulière auroict faict dresser ceste partie contre la noblesse dud. pays, requérant
l'assemblée y pourvoir... Arresté qu'il en sera faicte remonstrance aud.
sᵉʳ evesque et requis remettre lesd. sʳˢ et aultres quy ont commis l'excés ez
mains de justice pour en estre faicte punition exemplaire, néanmoins de s'en
plaindre à la cour de parlement, ausd. fins, et au cas led. evesque y feroict difficulté, le sindic du pays en fera la poursuicte, en lad. cour, contre tels assassi-
neurs et perturbateurs du repos public... ». Délégués *ad hoc*, M. de Montagut et
le juge de Comminges.

CX.

Les États de Comminges et le cardinal de Bourbon.

Après l'assassinat d'Henri III, perpétré le 1er août 1589, Charles de Lorraine, duc de Mayenne, lieutenant général du royaume et couronne de France pour la Ligue, engagea les États de Comminges à reconnaître la qualité de roi au cardinal de Bourbon sous le nom de Charles X. Sa missive est du 9 août[1]. Or, le 16 novembre suivant, il adressait à la même Assemblée cette autre lettre importante, dont elle prit connaissance le 21 décembre, à Saint-Julien :

1. — Lettre du duc de Mayenne aux États.

Messieurs, je vous envoye la commission expédiée pour l'Assemblée des Estatz particulliers de vostre païs, suivant laquelle je vous prie et conjure par l'affection que je sçays vous avés au bien de cest estat et la deffence et conservation de nostre sainte religion catholique, apostolique et romaine, de vouloir acorder et octroïer être levé aud. païs pareilles sommes que celles qui ont esté par vous accordées en la présente année et qu'il a accoustumé de païer selon le département qui en a esté faict es années préceddentes, ainsi qu'il est plus au long porté par icelle commission, m'asseurant que pour le zelle que avés au bien et avancement des affaires vous y satisferez. Je ne vous en diray autre chose que me recommandant affectueusement à vous, je prie Dieu qu'il vous donne, messieurs, en santé ce que désirez.

A Paris, le XVIe jour de novembre 1589.

Vostre bien affectionné et asseuré amy,

Charles de Lorraine.

(Suscription et signature autographes. — Correspondance des États.)

2. — Les États adhèrent au duc de Mayenne et au cardinal de Bourbon.

L'Assemblée à laquelle fut lue cette missive comprenait : Sébastien de Cazalas, Vital Suau, Jean de Comminges-Péguilhan, François de Polastron, Oger de Touges, François de Noé, Arnaud de Méritens, Nicolas d'Encausse, François de Martres, Odet de Goyrans, Jean de Borderia, consul de Muret ; Arnaud Cotray et Jean Cousso, consuls de

[1] Voyez notre précédent recueil, p. 157.

Samatan ; Jean Dechen, consul de Salies ; Mathieu Ribayran, Bernard Cabalby et les autres députés des châtellenies.

Le 22 décembre on opina sur la lettre et, chose rare, le Tiers-État fit le premier connaître son avis :

Muret et Saint-Julien déclarent « quant à la missive de Mr du Mayne, qu'ils le veulent obéir et faire ce qu'est contenu en icelle, respecter et honorer led. sieur et obéir à ses commandemens comme lieutenant général du roy ». Telle est aussi l'opinion de Cotray pour Samatan, qui récuse Cousso, l'accusant de n'avoir pas qualité de consul et d' « estre faulteur des hérétieques, et comme tel, ces jours passés vouloit faire publier et regestrer un édict du roy de Navarre qu'est hérétieque, de quoy y a inquisitions ». Les consuls de l'Isle-en-Dodon disent qu'on doit reconnaître le duc de Mayenne « en l'estat qu'il est, suyvant sa lettre, pour l'extirpation de l'hérésie, attendant que Dieu nous donne un roy catholicque ».

Sa'ies, Aurignac, Castillon, Aspet, Saint-Lizier, Lombez se rangent à l'avis de Muret. Les consuls de Saint-Girons, plus fermes encore, affirment « que plus tost que obéir au roy de Navarre ilz veulent finir leurs vies et quitter le royaulme ».

Après le Tiers-État, Vital Suau, prévôt de Lombez, et la noblesse se déclarèrent pour le duc de Mayenne et le cardinal de Bourbon : « Et tous en général qu'ilz sont catoliques et veullent mourir et vivre en la foy catolique, appostolique, romaine, et obéyr à ung roy catolique, oinct et sacré, approuvé par les Estats de France et Parlemens, non aultrement. Au surplus qu'ils sont très ayses de la nomination et élection du cardinal de Borbon pour roy, de quoy ilz sont très ayses, comme estant et ayant esté tousjours bon, fidelle catolique, crestien, auquel ilz obéiront lorsqu'il sera oinct et sacré, approuvé et auctorisé [1] ».

(États de Saint-Julien, décembre 1589.)

CXI.

1591. — 1594.

LES LIGUES CAMPANÉRES EN COMMINGES.

Nous les avons déjà étudiées ; mais on remarquera dans les pages qui suivent de nouveaux et curieux détails sur leur organisation et leur fonctionnement :

1. — SINDICAT DES LIEUX DE FRONTIGNES, SAUVETERRE ET POINTIS.

Premièrement fault sçavoir combien de souldatz chescun village faira et de quelles armes ilz sont armés quand sera besoing aller

---

[1] Document rendu presque illisible par l'humidité.

secourir les ungs aulx aultres. Fauldra aussy que les consulz de chescun villaige fassent maguasin de pouldre, sçavoir suybant le nombre des souldatz et herequebousiers que seront en chescun desd. villaiges, l'ung ung quintal, aulx aultres deux, ensemble plomb, lesquelz poudre et plomb guardés par les consulz de chescun desd. villaiges pour après les délivrer et départir aulx souldatz quand l'occasion ce présentera, aultrement non.

Sera enjoinct à chescun herequebeuziers tenir 50 cannes de corde, 50 balles, poudre une livre. — Sera aussy enjoinct aulx conseulz de chescun villaige viziter de quelles armes ilz seront armés et probeuz, et ordonner à ceulx quy n'en auront de s'en preuvoir en suyvant son moyen et qualité. — Ordonneront en chascun desd. villaiges ung chef quy aura puyssance de commander le reste de son villaige pour aller secourir où l'occasion ce présentera, et seront tenuz chascun desd. villaiges aller faire tels secours les ungz aulx aultres à leurs propres costz et despens sans pouvoir vivre les ungz sur les aultres, et sera commis, en chascun villaige, ung quy aura charge de payer les despens de ceulx quy chemineront de son lieu.

Et au cas qu'aulcun souldat desd. lieux seroict treubé tenant les champz prendre rien, ny de vivres, ny faire extorssion, ny aultre chose d'aulcun havitant desd. lieux, que de gré à gré, tel dict souldat ou soldatz, seront prins par les conseulz, seront teneuz les remettre entre les mains de la justice pour les faire peugnir sellon l'exigence du faict, à peyne contre lesd. consulz d'en respondre de toutz inconvéniens en leur propre et privé nom, et le procès sera faict aulx despans commungs desd. lieux.

Quand aulcune compaignie de gens de guerre, tant à pied que à cheval, aura besoing à passer pour le servisse de Dieu, son Esglise saincte, catholique, appostolique et romaine, en aulcun desd. villaiges, auront commission suffisante, les consulz et scindic du lieu où ilz ce présenteront, les offriront logis, vivres et passaiges, et suybant leur pouvoir et faculté, et les supplieront de vouloir vivre suyvant le règlement qu'on est faict, et de ne permettre que leurs soldatz affollent le pouvre peuble, pilhent, ravigent, ny après faire ransonner leurs hostes, et quand eulx voldroient uzer autrement, en advertir leurs confédérés pour y prouveoir, et les constituer prisonniers, et les faire faire le procès à leurs despens, sy telles personnes n'ont de quoy, et la despence que telz soldatz fairont en aulcun lieu sera après despartye au sou la livre, en chascun lieu et villaige.

Sy aulcune trouppe de volleurs, saccamentz, vaguabondz, renvoyez de Dieu, de son Esglize, courrent esd. lieux pour les pilher, faire prisonniers, pour les mettre à rançon, constraindre à payer contributions, seront tenuz s'y opposer à toutz leurs desseingz et rage, se deffendre contre telle nature de gens. — Sy aulcun est faict prisonnier par les ennemis en telles factions et deffences, son eslargissement sera procuré, faict à despens commungz desd. lieux.

Comme aussy sy aulcun est blessé en se deffendant desd. oppressions, sera pencé et médicamenté aux despanz de toutz lesd. lieux. — Toutz et chascuns les soldatz quy seront commandés par ceulx quy auront charge de les commander, seront teneuz les suybre et oubéyr sur peyne d'estre prins comme infracteurs du bien et repos peublic. — Sera faicte protestation comme ceste union et confédération ne se faict que soubz le bon voulloir et pour la deffence du pays, extirpation des héréticques, volleurs, saccamantz, vasanotz, et gens sans Dieu et diugnes et pour se guarder de leurs tyranyes, et nous entretenir en nostre religion catholique, appostolicque et romaine, et faire entretenir l'authorité de la justice.

Monsieur... sera supplyé volloir estre chef et général desd. lieux et pays, toutz lesquelz offrent obéyr suybant son commandement.

*
* *

A nos seigneurs de Parlement.

Supplient humblement les habitans des lieux de Frontignes, Sauvaterre, Poentys et aultres villaiges circonvoesins leurs adhérens, qu'il y a esd. lieux ung nombre infiny de volleurs quy journellement comettent pleusieurs meurtres, voleryes et ravissemens sacrylèges, et aultres crimes et faictz énormes, au grand détriment et ruyne de tout le peublic, par quoy esviter et s'asseurer de leur courir sus, les prendre, saysir et mettre ès mains de la justice, pour en estre faicte la pugnition, lesditz supplians auroient advisé de comettre certains personnaiges à cest effaict,

voire eulx mesmes y tenir la main et se assembler à toutes occurrances qu'il appartiendra, mais d'aultant que ce ne se peult faire
sans fraix et despens, voldroient led. supplians à ce qu'ilz ayent
moyen de faire rendre le respect, révérence et oubéyssance deue à
la justice, leur estre permis de faire scindicat, et sur les nommés
et comprins imposer et cotizer une somme de deniers suffisante.

Ce considéré, et attendeu ce dessus, énormitté desd. crimes et
excès, plairra à vos grâces pour peurger yceux, esviter et empêcher
par cy après que telz crimes et excès ne soient commis et perpé-
trés, ausd. supplians se assembler pour yceux pouvoir prandre et
mettre ez mains de la justice, pour y être faicte la peunition telle
que appartiendra, et à ces fins, pour subvenir à ces fraix et despens qu'il conviendra faire et exposer, faire scindicat, impozer et
coutizer sur les nommés et comprins et à yceux adhérans, une
somme de diniers telle que par yceux habitans sera cogneue et
treuvée raisonnable, et fairés bien.

* *
*

Pour les causes contenues eu la requeste n'empêche qu'il soict
permis aulx supplians s'assembler et faire scindicat aulx fins de
ycelle, et pour le reguard de la cotization, le scindicat et délibè-
rement à luy communiqué, requéra ce que appartiendra.

A Tholose, le 6e may 1591.

CAUMELZ, COURTOIS, *ainsin signés*.

* *
*

Veu le scindicat du xviie du présent mois de may, retenu par
Me Jehan Lasalle, notaire de Sauveterre... n'empêche que pour
la porsuite des volleurs que ravigent le pays ne soict permis de
impozer ou cotizer sur le contenu au scindicat que la somme de
100 escutz... xviie mai 1591.   CALMELZ, COURTOIS.

Le 28 mai le Parlement permit aux confédérés de lever 150 écus.

(États de l'Isle-en-Dodon, janvier 1592.)

2. — SINDICAT DE CEADOUS, CHARLAS, MONTGAILLARD, ETC.

A Monseigneur le marquis de Villars, lieutenant général
et gouverneur pour le Roy au pays et duché de Guienne.

Supplient très humblement les habitantz des lieux de Ceadous,
Charlas, Montgualhard, Blajan, Lespugne, Sainct-Pierre-du-Boys,

Sainct-Loup, Anizan et aultres villages leurs circonvoisins aux comptés de Comenge, Nébozan, adhérans, que gens voleurs et hommes de maulvayse vie en grandz nombres et assemblez soubz le nom de guerre, procédans touteffoys, sans aulcune commission, commettant plussieurs meurdres, sacrilèges, raptes, voleries, et aultres crismes exécrables au grand détriment et ruyne de tout le peuble, au desseing desquelz les suppliantz n'osent s'oppozer en général, ny en particulier, craingnans sans vostre expresse permission encorir l'indignation de Vostre Grandeur, offrant obéyr, et recepvoir, et payer tout ce que sera ordonné de vostre mandement, où estantz iceulx gens de guerre lesd. suppliantz nourriront et alimenteront de ce peu que Dieu leur a donné, à ceulx que par vous s'esposeront et auront obtenu de Vostre Grandeur commission, ne désirans les pouvres supplians que pouvoir veoir ceulx qui tiennent le parti de nostre saincte Mère l'Esglyze catholicque, apostolicque, romayne, sont les victorieux, et advenant conviendroict que l'armée de voz ordonnances eust affayre ez cartiers et patrie desd. supplians, ilz, entre tous, se parforceront et quottizeront oultre l'ordinaire, vous aller servir avec troys cens arquebusiers, quinze jours à leurs propres costz et despens.

Ce considéré, mondict seigneur, plaize de vos bénigues graces, permettre ausditz supplians, leurs susditz circonvoisins et adhérantz, s'assembler pour pouvoir courir sur lesd. voleurs et assazi.nateurs crimineulx, pour les saisir et mettre en vos mains ou de la justice, affin d'en estre faicte la punition condescendante à leurs maléfices, et leur permettre aussy de faire, à c'est effaict, scindicat général, impozer et quottizer sy besoing est sur les comprins et nommés en icelluy, telles sommes de deniers que conviendra expouser, le tout pour vostre service, bien, et utillité tant des pauvres supplians que de tout l'Estat en général, et les supplians prieront Dieu pour vostre prospérité et saincté.

*
* *

Le Parlement de Toulouse autorisa cette requête le 4 septembre 1591, et le 23 octobre suivant le marquis de Villars, étant à Cahors, l'approuvait également :

Est inhibé et deffendeu, disait-il, à toute personne, de quelle qualité qu'elle soit, mettre gens aux champz soubz prétexte de dresser compaiguies, ny courre par ce moyen le pays, sans avoir de nous commission et mandement exprès de ce faire, laquelle, suyvant les règlements par nous faictz aux Estatz généraulx, ilz seront tenus monstrer aux consulz des lieux où ilz dresseront leurs troupes, où il faudra passer se treuver aux lieux qui leur auront esté commandés, et ce, à peyne d'estre punys pour la rigueur des ordonnances, permettant aux supplians et à toutz aultres, en cas de contravention, courir sur telz volleurs, iceulx faire prisonniers et remettre entre les mains de la justice, pour en estre faicte punition exemplaire, et pour cest effaict, où il y auroict des frais à faire telles assemblées, pendant nostre absence, se retireront au sénéchal de Tholose ou son lieutenant pour obtenir ladite permission de quottizer, vérification faicte au préallable de ce quy aura esté frayé.

Faict à Cahors, etc.

EMANUEL DE SAVOYE, ainsin signé.

(Etats de l'Isle-en-Dodon, janvier 1592.)

3. — ATTITUDE DES ÉTATS VIS-A-VIS DES LIGNES CAMPANÈRES.

Les États assemblés dans le couvent des Jacobins de l'Isle-en-Dodon, le 15 janvier 1592, entendent lecture des « articles » d'une association créée entre diverses communautés du Comminges[1]. Sébastien de Cazalas remontre « que, à cause de certaines ligues nouvelles et *articles* controuvés de nouveau par certain nombre de

[1] Étaient présents : Le juge de Comminges, Jean de Comminges, baron de Péguilhan ; Ph. de la Roche, baron de Fontenilhes ; Jean de Lambez, s^r de Savignac ; Jean de Comenge, s^r de Roquefort ; Jean de Tersac, Jean-Jacques de Tersac, s^r de Montberault ; François de Polastron, s^r de la Hillière, et Bernard de Lamezan, s^r de Juncet, sindics de la noblesse ; Jean d'Orbessan, s^r de la Bastide de Paumès ; Bertrand de Saint-Paston, s^r de Salerm ; Odet de Goyrans, s^r de Montagut ; Jacques de Martres, s^r de Gensac-de-Rivière ; François de Noé, s^r de Montesquieu ; Jean d'Orbessan, s^r de Castelgailhard ; Jean Bertin, procureur du roi ; Charles Truche, consul de Muret ; Mathieu Ribayran et Dominique Casteras, syndics du Tiers-Estat ; Bernard Cabalby, sindic de Conserans ; Arnaud Astugue et Louis Filhouse, consuls de Lombez ; Bertrand Rieule, sindic de Mauléon ; Antoine Aragnon, consul de Saint-Julien ; Jean Moysen, consul de Samatan ; Peyroton Salles, consul de l'Isle-en-Dodon ; Pierre de Saint-Blancat, consul d'Aurignac ; Sébastien d'Abbadie, consul de Salies ; Bernard La Ylhe, consul de Castilhon ; noble Bertrand d'Encausse, consul d'Aspet ; Jean Nogués, consul de Fronsac ; Arnaud Bordes, consul de Saint-Lizier, etc.

gens sans adveu, en grand nombre, qui ne demandent que la
ruyne du pays et renverser l'estat de l'Esglise, noblesse et Tiers-
Estat, en ayant esté deuement adverti, tant par le s^r de la Ylère
que certains habitans dud. pays, il se seroict acheminé au lieu de
Montblanc, où illec avec le sieur baron de Péguilhan, de la Ylère,
Castéras, sindic du Tiers-Estat ; Truche, consul de Muret ; Moysen, consul de Samatan ; Filouse, consul de Lombès, où illec
ayant conféré ensemble et veu certains *articles* faictz par certain
nombre de gens sans adveu, et n'en pouvant résoldre sans le sçeu
du pays, auroict arresté mander les Estatz à ce jour d'huy. Lesquelz *articles* auroient esté leuz publicquement.

Lesquelz leus, le Tiers-Estat avant oppiner ont (*sic*) requis
communication et délay pour en délibérer, et ayant longuement
conféré, à part retirés, ont respondu par la bouche dud. Ribayran,
qu'ilz n'approuvent aucunement lesd. *articles*, ains les détestent
et ne les ont auculnement agréables.

M. le baron de Péguilhan est d'advis de chasser tels *articles* et
associations, faictes sans chef, au préjudice du public. M. de Fontanilhes, *idem*. MM. de Montberaud, de la Bastide, de Gensac,
les attirer par la doulceur, et en cas qu'ils se oppiniastreront les
poursuyvre par la force, et les faire cognoistre leur faulte. La
noblesse est de ce même avis. Il est enfin conclu « qu'il sera
procédé contre telz ligueurs par inquisition, à la diligence du
scindic du Tiers-Estat et M^r le procureur du roy, contre les au-
theurs et chef de ceste ligue ; que ung de MM. de la noblesse de
la chastellenye où le villaige rebelle sera, avec un consul de la
ville principalle, seront priés de parler aux chefs et les rappeler
à la doulceur, et les admonester de se despartir de telles ligues et
intentions, ce qu'ilz feront dans trois jours pour tous délais ».
Sont choisis à cet effet, M. de Fontenilhes, pour la châtellenie
d'Aurignac, et M. de Montesquieu pour celle de l'Isle-en-Dodon.

*
* *

Comme ces résolutions étaient prises, se présentèrent à l'assemblée :
Gabriel Caubet, habitant de Lilhac ; Arnaud Cathala, consul de Mont-
bernard, et Domenc Salles « dudict lieu puis VI sepmaines » ; Jean
Molins, consul de Saint-Laurent, et Bernard Duffau, dudit lieu ; Jean
Mercier, consul de Saint-Andreau *(Saint-André).* Les sindics généraux
de la Confédération des campagnes sont Vidal Cestac, de Blajan et

Bertrand Saintgès, de Charlas. Unanimement ils déclarent que leur but est de se défendre des ravages dont ils souffrent et qu'ils sont munis de l'autorisation du Parlement et du marquis de Villars. Ils affirment qu'ils ignorent l'auteur des mémoires ou *articles* dont les États se sont émus, et pressés par le juge de se départir de leur association, vu qu'on les assistera « en toutes choses », ils assurent être prêts à quitter leur Ligue pour ne point se retrancher du corps du Comminges ; enfin ils promettent de savoir « entre cy et dimanche ceulx qui veulent adhérer à lad. Ligue ou s'en distraire », et à la prochaine assemblée ils fourniront leurs cahiers de « Doléances » pour y être fait droit.

(États de l'Isle-en-Dodon, janvier 1592.)

4. — Jean Désirat, de Céadous, instigateur de la Ligue campanère.

Ce seroict présenté Me Jean Dezirat, du lieu de Seadous, disant avoir charge pour les associés et confédérés de la prétendue Ligue campanère tant de Commenges, Nébouzan, Astarac, Maignoac et Rivière-Verdun, ainsi qu'a fait apparoir de sa charge et délégation :

En l'Assemblée, etc...

Laquelle leue et entendue par lad. Assemblée, led. Dézirat auroict dict avoir charge de représenter et se plaindre à l'Assemblée pour les associés et confédérés des lieux de Comenge, de la despence qui se faict annuellement au paiement des garnisons des villes, en quoy trempe le pouvre plat païs, montant par an à la somme de 6.000 et tant d'escus, que touteffois les lieux et villages dud. païs endurent et souffrent plusieurs foulles, ravages et oppressions en aïant le seul lieu de Seadous, d'où il est habitant, souffert pour plus de 2.500 escus, et qu'il seroict raisonnable qu'elles fussent esgalement desparties et imposées sur tout le général comme il en auroict encore requis l'assemblée, déclairant n'avoir autres plainctes à faire.

Sur quoy aïant esté envoyé quérir les habitans des lieux de Benque et Sainct-Andreau qui c'estoient cy devant plainctz dud. Désirat, et en leur présence et par un long discours faict par led. s^r juge auroict représenté aud. Désirat que les occasions par luy cy dessus cottées n'estoient pas suffisantes pour esmouvoir un peuple à sédition comme il avoit faict en aïant esté le principal autheur, ainsin que les habitans desd. Sainct-Andreau et Benque

illec présens auroient dénoncé à la compaignie. Lesquelz, mesme
un nommé Andreau Laforgue et aultre nommé Guilhaume
Gelambic auroient sousteuu aud. Désirat que c'estoit luy qui les
avoit esmeus à ceste révolte et sédition, aïant led. s^r juge là
dessus représeuté aud. Désirat comme il ne pouvoict ignorer ny
mettre en difficulté qu'il n'eust poussé ce pouvre peuple à sédition
et révolte, offence à la vérité très importante au public et aigre-
ment punissable de laquelle luy principallement comme autheur
en demeure responsable, dont les s^rs des Estatz auroient grande
occasion de le fère arrester, touteffois estans venu soubz la foy
publique et assurance desd. Estatz il n'avoict occasion de crain-
dre ; mais qu'il se représeutast seullement les inconvéniens et
extrèmes despences que les esmeutes et séditions par luy prati-
quées avoient apportées au public et à ces pouvres villages prétendeus confédérés, de quoy il demeuroict particulièrement responsable en sa vie et en son honneur, l'exhortant à remettre ce
pouvre peuple au debvoir qu'ilz doibvent aux gouverneur, magis-
tratz et authorité de ces Estatz.

Aïant sur ce ouy led. Désirat et entendu la lecture de sa
requeste tendant à ce qu'il fut proveu aux prétendeus foulles et
oppressions desd. villages confédérés, aiant néanmoings nié for-
mellement et soustenu aux susd. Laforgue et Gelambic de les
avoir jamais provoqués à rebellion, ains au contraire, taché de les
disposer à rendre le debvoir qu'ils doibvent aux supérieurs et à
ces Estatz particulièrement, et treuve très mauvais leurs déporte-
mens mesmes l'entreprinse que n'a guères ils auroient faicte de
s'armer contre aulcune des villes dud. païs, aïant d'aillieurs
déclairé au nom que procède et comme depputé desd. confédérés
de volloyr obéyr et consentir à toutes les impositions qui seroient
faictes d'authorité de ces Estatz, mesme pour l'exécution de la
trefve à laquelle il a charge de cousentir et par taut que besoing
seroict de la requérir.

Et d'aillieurs, ouy sur ce led. s^r procureur du roy, qui auroict
suivant ses précédautes réquisitions remoustré l'importance du
crisme que led. Désirat et aultres ses complices ont encores pour
avoir dispozé le peuple à sédition et révolte, persistant en ses pré-
cédeutes requisitions, il auroict requis d'estre enjoinct aud. Désirat

de bailler par rolle le nombre des villages qui sont de lad. prétendue ligue campanère.

Les veoix au long recuilhies par led. s^r juge, auroict esté ordonné que par le greffier desd. Estatz il seroict retenu extraict duement collationné de la requeste dud. Désirat, néanmoings qu'il bailleroit par rolle le nombre des villages qui sont de lad. prétendue ligue en lad. comté et pays de Commenge, et remetroit la déclaration cy dessus par luy faicte devers le greffier par escript signée...

(États de Muret, mars 1594.)

CXII.

1593-1595.

LES HUGUENOTS DE L'ISLE-JOURDAIN ET LE COMMINGES.

Sous ce titre nous avons déjà fourni un assez volumineux dossier permettant de préciser les rapports des religionnaires de l'Isle et du Comminges les dernières années du XVIe siècle. Nous aurons indiqué tout ce que nous connaissons actuellement sur ce sujet lorsque après avoir rappelé l'article de M. Alphonse Vignaux sur *Henry IV à l'Isle-Jourdain* [1], nous aurons transcrit les pièces suivantes :

1. — LES HUGUENOTS DE L'ISLE-JOURDAIN ET LES CONSULS
DE POLASTRON [2].

Monsieur. Me estant toujours assuré de la bonne volonté que avés eu toujours envers moy, à cette occasion vous ai bien voulu escrire ce mot pour vous dire que ceux de l'Isle-Jourdain ont envoyé dire aux consuls de ce lieu de Poulastron de leur porter l'argent qui lèvent pour le roy, et parce que le pressent estrêmement de leur porter, et d'autant [que] lesditz consulz ne savent comment ilz s'en doibvent gouverner, vous voudrés bien, suplie bien humblement, me mander comment ilz s'en doibvent gouverner, et sy je [ai] jamais moïen m'employer en quelque chose pour votre service, le feré de telle affection que demeure, Monsieur, vostre bien humble et affectionné amy à vous servir.

ROUQUIÈS.

A Monsr, Monsr d'Audirac, à Samatan.

(Correspondance des États.)

[1] Voy. *Revue de Gascogne*, XLII, p. 344.
[2] Châtellenie de l'Isle-en-Dodon.

2. — Les Huguenots de l'Isle-Jourdain, et les lieux de Saint-Loube[1] et Mirambeau.

Claria vous remonstre, messieurs, comme le sixiesme du moys de febvrier dernier, année présente 1594, luy estant à Moyssac durant la tenue des Estatz généraulx de Guyène, messieurs de Lailhère, syndiq de la noblesse ; de Cazalas et Casteras, juge et sindiqs de Commenge, le chargèrent d'aller à l'Isle-Jourdain parler aveq Mr du Bourg sur l'avis qu'ilz avoient eu qu'il vouloyt courre et fère prendre de prisonniers sur led. pays de Commenge, et mesmes qu'il avoyt desia faictz prisonniers M^r d'Alexis, comme habitant de Muret, et deux paysans de St Loubou[2], luy prier de les mettre en liberté et cesser lesd. courses, et luy assurer qu'à leur retour dud. Moyssac, dans peu de jours, ilz assemblaroient les Estatz pour prendre expédient d'entrer en quelque trêve ou accord aveq luy suivant et tout ainsin qu'il seroyt treuvé bon par led. pays, sur quoy led. s^r du Bourg m'auroyt promis de faire cesser lesd. courses et de ne faire plus de prisonniers aud. pays, comme il n'a faict du despuys, et neantmoings lesd. s^{rs} de La Ylhère, Cazalas et Casteras le chargèrent d'avertir de la voulanté dud. s^r du Bourg à M. de Combis, pour en donner avis aux aultres villes affin de se garder sy tant estoit qu'il ne vousit arrester cesd. courses, ce que j'aurès faict, auquel voyage allant et revenant

---

[1] Châtellenie de Samatan.

[2] Du Bourg avait fait emprisonner Ramond Batut et Pierre Sarrat, laboureurs, et Jean Martin, chirurgien, de Saint-Loube. Tous trois représentent aux États de Muret, en mars 1594, « que le premier jour du mois de febvrier dernier, de cet an 1594, le s^r du Bourg, gouverneur de l'Isle-Jourdain, ayant mandé courir sur led. lieu [de Saint-Loube] pour certains restes disoit luy estre deus par le pays, ses gens d'armes auroient prins dans led. lieu de Sainct-Loube les pouvres supplians. menez et conduictz dans les prisons de lad. ville de l'Isle, leur ayans prins, sçavoir, aud. Batut, 8 liv. d'argent et une espée de valeur de 5 liv., et aud. Martin son espée et pétrinailh qu'ilz auroient treuvé dans sa maison de valeur de 12 escus, ensemble 40 soubz d'argent, dans lesquelles prisons ilz auroient demeuré jusques à mardy dernier, 22e du présent moys de mars qu'ilz auroient esté eslargis en payant leur despence, icelle montant, pour lesd. tempz et espace de sept sepmaines, 12 escuts pour chascung... » — A n'en pas douter ce sont les huguenots de l'Isle qui ont assiégé Mirambeau (châtellenie de l'Isle-en-Dodon). en 1597. Un s^r de Gignan se présente aux États tenus à Saint-Julien le 22 juillet de cette année, déclarant « qu'il est mandé de se treuver au siège de Mirambeau. pour le service du roy, dans le quinziesme d'aoust ». Nos documents ne fournissent aucune particularité sur ce siège.

j'aurois vaqué quinze jours, à deux chevaulx et mon laquay, vous
priant de me rembourser de ma despence suivant et comme le
pays a acostumé de faire à ceulx qui vaquent pour les affaires
d'iceluy, ou me l'ordonner, ou cottizer cy-après.

(États de Muret, mars 1594.)

CXIII.

1596.

NOTE SUR LES TROUBLES SURVENUS A MURET.

Ils sont racontés dans notre publication précédente (pp. 275-279); les
blessures faites à un soldat nommé Lasserre, lors du siège de cette
place, y sont indiquées. Mais voici quelques lignes particularisant ce
détail : « Jean Lasserre, pouvre soldat de la ville de l'Isle-en-Dodon,
vous remonstre très humblement qu'au moys de septembre dernier il
seroit esté commandé par messieurs de consulz de l'Isle pour aller au
secours de la ville de Meuret, et soubz la charge du cappitaine Bon, et
estant arribé en lad. ville, quelques jours après scroict esté blessé en sa
teste et sy très fort quy l'auroict failheu défloré le scrbeau et trépané
icelluy par ung chirurgien de la ville de Simoure nommé Quasquaret, et
oultre ce, auroict esté blessé en sa main gauche et perdu ung doigt
d'icelle, en demeurant estropié et mutillé ».

(États de Samatan, mars 1597.)

CXIV.

1599.

LETTRE DE Mme DE SALERM A PROPOS DU FORT DE CHARLAS[1].

Monsieur. Les Estatz du païs de Commenge estant convocqués
en la ville de Samathan, au moys de mars 1597, firent une délibération qu'il seroit passé à feu monsieur de Sellerm, mon mary,
la somme de deux cens neufz livres que les consuls de ce lieu
debvoient au trésorier dud. pays de restes de deniers royaux, pour
ce rambourser des frais qu'il avoit faictz lors qu'il reprinct des
mains des ennemys le fort de Cherlas, et suyvant ceste délibé-

---

[1] Cf. *Huguenots en Comminges*, 1re série p. 189.

ration, Mr de Casteras, lors scindic dud. pays, ayant bailhé mandement ausd. consuls pour faire acquiter ceste partie envers led. trésorier, icellui trésorier que estoit en ce temps Lavernhe ne l'a poinct vouleu allouer, tellement que son comys a faict condempner lesd. consulz, par sentence du séneschal, à luy faire tenir en compte icelle somme de 209 liv., autrement condempnés dans huictaine à lui payer lad. somme et moy à les indempniser de principal et despens, qu'est cause que j'ay affaire de ceste délibération pour m'en servir devant lesd. s^rs des Estatz aux fins de faire allouer ceste somme suyvant une requeste que je leur présente. Je vous supplie de me faire tant d'honeur de me la vouloir expédier. Je me promès tant de vostre amytié que vous ne me la reffuserés poinct pour la bonne voulonté que j'ay tousiours remarquée que vous apourtiés à mon dict feu mary, et pour revanche de ce bien, je seray tousiours, monsieur,

Vostre très affectionnée à vous fére service.

P. DE BENQUE.

Je vous envoye xxx [sols].

A M^r, Mr Bertin, greffier des Estatz du pays de Commenge, à Muret.

CXV.

1620 (?).

HUGUENOTS DE L'ISLE-JOURDAIN.

Mémoire rédigé par un ecclésiastique de l'Isle-Jourdain, un des chanoines de la collégiale, sans doute, en vue de préparer la visite que devait y faire l'archevêque de Toulouse ou son délégué.

Mémoires sur le subiect de l'exercice de la reliyion prétandue refformée dans la ville de Lille Jordain, diocèze de Tholose, et divers motifs qu'on a d'y faire cesser ledit exercice et desmolir leur tample.

Expose premièrement le chappitre establi dans laditte ville que l'exercice de la religion prétandue réformée n'a esté introduict publiquement qu'an l'année 1615, dans laquelle année leur temple a esté basti comme apert sur le frontispice de la millésime quy est au dessus du portal dud. temple et ainsi il a esté basti après l'Edit de Nantes [1].

En second lieu ce temple a esté basti en partie des ruines de l'eglise du chappitre démolie par les huguenotz, ainsin qu'il se voit au seuil du portal faict des pierres sorties du cloistre de lad. église, comme ainsi a esté basti en partie du bastiment où le sénéchal de Lille tenoit les audiances, et le parquet que les huguenotz avoi[en]t aussy desmoly, et dans lequel tample il y a encore des bautz (bancs) dud. parquet quy y servent de siéges.

En troisième lieu est à considérer que la plus part des habitantz de la ditte ville quy estoient huguenotz se sont convertis et ont embrassé la religion catholique, et revenus d'où ilz estoient sortis, et qu'il n'en restent que six ou sept maisons dans laditte ville, néautmoins à leur occasion l'exercice de la religion préthandue refformée s'y continue comme auparavant, et c'est par l'ayde de quantité d'hérétiques quy s'y assemblent de deux ou trois lieues des envyrous, au grand escandalle des catholiques, nottament des convertis quy prient, tous les jours, le chappitre d'en vouloir porter la plainte au roy, disant qu'il n'est pas raisonnable que pour six ou sept maisons obstinées et opiniastres cet exercice escandaleux se continue dans une ville composée d'un chappitre auguste, d'un sénéchal et de plus de trois mile habitantz.

Il est aussi à considérer que deux ou trois chefz de famille des principaux habitants ne pouvant réduire leurs femmes à se convertir, sollicitent le chapitre de les vouloir assister pour bannir de la ville et faire cesser ce maudit exercise de leur religion.

Comme aussi est à considérer que dans ces six ou sept maisons qui restent dans l'obstination, il y a des enfants qui sollicitent en particulier des [bénéficiers ?] dud. chappitre à leur procurer l'occasion de se convertir à la religion catholicque, de la vérité de laquelle ilz sont tous persuadés, foisant connoistre que sy ou leur desmolissoit leur temple, l'exercice de leur religion cesseroit, et qu'ainsi ils auroient prétexte de se convertir et diroient ardimant à leurs parans qu'ilz ne vouloient plus vivre sans exercice de religion.

Cote : Mémoires pour les huguenotz de Lisle.

(Arch. de la Haute-Garonne. G. 642.)

[1] Donc après 1598.

CXVI.

1621.

A propos du siège de Montauban.

Lors de ce siège, en 1621, le Parlement de Toulouse, averti que plusieurs capitaines et soldats avaient quitté cette place sans congé, publia un arrêt, daté du 4 novembre, commandant aux hommes d'armes valides de son ressort « de par tout le jour se retirer et se rendre au plus tost au camp, devant Montauban, pour y servir sa Majesté, enjoignant à leurs hostes de les faire vuider, autrement à faute de ce faire, et led. jour passé, seront prins au corps et le procez à eux faict et parfaict, comme déserteurs de la milice... ». Cet arrêt devait être publié à son de trompe dans les diverses communautés dépendant de la Cour de justice. Les consuls de Muret furent invités à remplir ce devoir par lettre de M. de Saint-Félix, procureur général.

Lettre aux consuls de Muret.

Messieurs. Je vous envoye l'arrest que la court a donné pour enjoindre à tous les cappitaines et soldatz de ce rendre au camp de Montaubau. Vous le fairés publier à son de trompe dans vostre ville et ne manqués d'en faire fère la recherche par toute vostre ville et juridiction pour les faire vuider.

Vous estaut, messieurs, vostre plus affectionné à vous servir.

De Sainct-Félix.

Thle, ce v novembre 1621.

A messieurs, m^{rs} les consuls de Muret, à Muret.

Cote : Missive de M^r le procureur général.

(Correspondance des consuls de Muret.)

APPENDICE

LES HUGUENOTS A SAINT-BERTRAND

Nous reprenons ici ce titre pour former une seconde collection de documents [1], tous relatifs aux prises de Saint-Bertrand de Comminges en 1586 et 1593-1594. La série des pièces de ce genre ne semble pas épuisée par cette double publication qui pourrait bien, avec un supplément d'inédit, donner lieu à un fascicule spécial. Sans rien produire ici d'absolument nouveau touchant les pillages dont la cathédrale de Comminges fut l'objet, nous fournissons cependant des détails plus précis et des particularités intéressantes [2].

I.

1586.

PRISE ET DÉLIVRANCE DE SAINT-BERTRAND.

1. — RÉCIT DE LARCHER.

La lâcheté des habitants [de Saint-Bertrand] fut cause de la prise de la ville épiscopale en 1586. Ils n'eurent pas le courage

---

[1] Dans nos premiers *Huguenots en Comminges*, la série intitulée les *Huguenots à Saint-Bertrand* occupe trente pages (352-382).

[2] Comme on le verra dans la suite de cet Appendice, nous maintenons les dates 1586, 1593-94, comme époques de pillage de Saint-Bertrand. La date 1577, que nous avons déjà signalée comme inexacte, doit être très sûrement écartée. Un grand incendie consuma cette année une partie de la ville. Le souvenir de ce désastre se confondit plus tard avec ceux dont les hordes furent les auteurs. « Le 15 octobre 1577, raconte Larcher, le tiers de la ville de Saint-Bertrand fut brûlé, et le vent, qui était impétueux, augmenta l'incendie ».

de se défendre, ils manquèrent de se précautionner contre la trahison de quelques citoyens mal intentionnés. Le baron de Sus, béarnois, fut le chef de l'entreprise.

On lit au dos d'un vieux manuscrit du Chapitre : « En l'an 1586 feust prinse la ville de Saint-Bertrand par Sus, larron huguenot, et le 22 apvril ». Quatre ecclésiastiques et cinq séculiers furent massacrés. On raconte qu'une femme, ne pouvant plus supporter les mauvais traitemens que les soldats calvinistes lui faisoient, leur découvrit une voûte dans le cloître sous laquelle on avoit caché l'argenterie et les archives. Les huguenots s'emparèrent de ce riche butin qu'on fait monter à [120] marcs d'argent. L'action de cette femme, quoique forcée, ne fut pas impunie. Le Parlement de Toulouse la fit pendre lorsque les catholiques furent rentrés dans la place. Il n'y avoit que trois jours que le baron de Sus en étoit le maître, lorsque le vicomte et le baron de Larboust en firent le siège du côté de Mont et de Saint-Martin, côtés auxquels on assure avoir trouvé plusieurs boulets de canon. La ville ne fut reprise que le 8ᵉ de juin. En mémoire de cet événement l'évêque ordonna, du consentement du Chapitre, qu'annuellement on chomerait le 8ᵉ de juin dans la cité de Comenge, qu'on feroit une procession générale et que le même jour on réciteroit dans tout le diocèse l'office de la Sainte-Trinité sous le rit de double de première classe.

Le baron de Sus vouloit emporter les titres de l'église, mais les seigneurs de Larboust lui donnèrent deux chevaux d'Espagne pour l'en empêcher. Ils obligèrent depuis le Chapitre de leur rembourcer à leur gré le prix des deux chevaux, et les chanoines furent condamnés à le faire par sentence arbitrale prononcée, le 17ᵉ de mai 1587, par noble Odet d'Antin, seigneur de Bartères, noble Jacques de la Barthe, seigneur de Giscaro, noble Oger de Touges, seigneur de Noillan, et noble Gaspard de Camploug, seigneur de Sarp. Le vicomte et le baron de Larboust furent en même temps condamnés à rendre la licorne, comme ils l'avoient offert, et à compenser en tant moins de la valeur des deux chevaux et des frais de guerre pour délivrer la ville, le montant de plusieurs fermes de l'église de Comenge dont ils s'étoient emparés: preuve certaine que les catholiques ne firent pas moins de tort aux églises que les religionnaires, et que chaque parti ne cherchait qu'à piller et à s'enrichir.

Ailleurs, Larcher écrit : « En 1586, les huguenots, conduits par le baron de Sus, prirent la ville de Saint-Bertrand, favorisés par quelques habitaus et par la lacheté des autres, durant la nuit. Ils massacrèrent quatre ecclésiastiques et cinq laïcs et se fortifièrent dans l'évêché. Mr de Saint-Gelais les en chassa. Ils emportèrent cependant une partie des ornemens, des vases sacrés et quelques reliques de Saint-Bertrand ».

2. — DÉLIBÉRATION DES ÉTATS RELATIVE A LA DÉLIVRANCE
DE SAINT-BERTRAND.

†. Ihesus. Maria. — L'an 1586 et le 16e jour du mois de may, en la ville de Muret et dans la maison commune d'icelle, ont esté assemblez honoréz sires messire Urbain de Sainct-Gelais, evesque de Commenge, Florent Tendron, viccaire général de monsieur l'evesque de Lombès, François de Polastron, chevalier de l'ordre du Roy, s^r dud. lieu, et du Fossat, sindic de la noblesse de Commenge, Jehan-Ramond de Pins, s^r dud. lieu, gouverneur de Muret, m^e François de Puget, docteur ez droictz, juge de Commenge, Jehan Bertin, bachelier ez droictz, procureur du roy aud. pays, Ramond Ducasse, Jehan Brac, consulz de Muret, m^e Arnaud Dauriac, consul de Samathan, m^e Jehan Bon, consul de l'Isle-en-Dodon, etc... auxquels led. s^r de Saint-Gelais a remonstré la surprinse de Sainct-Bertrand, discoureu la misère et dangiers évidents [1].

Led. s^r Tendron a faict mesmes remonstrances, est d'advis qu'on

[1] Dans une seconde rédaction du même procès-verbal, on lit : « Lesquelz assis chascun en son rang, illec seroict survenen messire Urbain de Saint-Gelays, evesque de Commenge, auquel auroict esté baillé rang, sans conséquence. Ausquelz led. s^r evesque a remonstré l'invasion et surprinse faicte de la ville de Sainct-Bertrand par les ennemys de Dieu et du roy, qui est de grande importance, car encores bien qu'elle soict en Rivière, importe plus en Commenge que aud. Rivière, luy comme bon voisin et bon amy supplie le païs à ceste nécessité et bon besoing l'ayder et secourir pour la reprinse d'icelle... Et s'estant retiré led. s^r evesque, après en avoir meurement délibéré, ouy sur ce m^e Jehan Bertin.... ont arresté que, sans conséquence... veu l'urgente nécessité et importance du païs, qu'il sera délivré aud. s^r evesque la somme de 5.000 liv. par manière de prest, lequel s'obligera d'icelle rendre, et à la charge aussi de l'employer aulx effectz susdictz ».

se entretièyne en amytié et en bon voysin, et que ayant esgard à l'importance de lad. ville de Sainct-Bertrand, combien que soict en Rivière, importe plus en Comminge que aud. Rivière et Verdun, est d'advis et s'arreste de contribuer suyvant l'arrest de la cour.

Mᵉ Jehan Bertin, procureur du roy aud. pays, a dict le mesme.

Mᵉ Jehan Daudirac, scindic du Tiers Estat, dict après avoir faict ces remonstrances, qu'il est d'advis d'entrer en contribution pour la reprinse dud. Sainct-Bertrand, sans conséquence, ny préjudice des droictz, facultés et privilièges du pays; mais par une gratuyte [contribution] seullement et sans se despartir de tout ce que pourroit estre profitable aud. païs.

Mʳ le juge de Comminge dict qu'il luy a esté commandé fère assembler le païs par arrest et mandement de la cour de parlement de Tholose, ce qu'il auroict faict, et faict ses remonstrances, requiert l'assemblée de pourveoir à ce que déjà leur a esté remonstré pour le service de Dieu et du roy, et sy sont résolus de sortir de là l'ennemy c'est asteure le temps sans tenir en longueur ce faict, veu la perte du païs et dangier d'icelluy. D'ailleurs que led. sʳ evesque ne demande que la bonne volonté des habitans du païs, et ne s'arreste poinct aux arrestz et constrainctes que le parlement [1] luy a donnés contre le païs.

Le sʳ de La Ylhère, sindic de la noblesse, a remonstré les grandes charges du païs, et après s'est arresté que le païs se doibt efforcer en tout ce qu'ilz pourront, sans entrer en conséquence, et le recouvrer à l'advenir ou à la commodité.

Les consulz de Muret, sont d'advis de contribuer et leur ayder veu la nécessité et importance de la ville, et y fère leur devoir.

[Avis identique des consuls de Samatau, l'Isle-en-Dodon et Aurignac.]

Sainct-Julien, attendu que c'est ung faict de conséquence de fère contribuer le païs en choses où il n'est tenu, et présenter requeste à la cour à tout propos, et obtenir arrest, dict n'y avoir lieu.

Les consuls de Salies sont d'advis d'entrer en fraiz et leur ayder sans conséquence, ny avoir esgard aux arrestz de la cour desquelz ne doibt estre faicte mention, le tenant pour non advenu.

---

[1] Le greffier a écrit par erreur : *que le païs*.

[Aspet, Sainct-Lizier, Lombez, *idem*. — Les aides : Encausse
et Mauléon, Montespan, Sauveterre, Gaujaigues, *idem*.]

[On accorde à l'unanimité 4.000 livres.]

Et depuis tous lesd. s^rs voyant la modicité de la somme et
urgente nécessité, se sont résolus à cinq mil livres avec les quatre
aydes, à la charge d'estre employées aux effectz dessus dictz, et
que led. s^r evesque se despartira des arrestz de la cour, et s'obligera le rendre. Et à cest effect l'argent sera emprunté à l'intérestz
aux despens du pays. Pour faire l'obligation et passer l'instrument est nommé Mr Audirac et Roquade, trésorier.

(États de Muret, 16 mai 1586.)

3. — Récit de la prise de Saint-Bertrand, d'après Agrippa d'Aubigné.

De l'austre costé parut principalement Sus, duquel nous avons à vous
dire des nouvelles. C'est celui qui, en sa saison, a passé en réputation
d'homme de guerre pour le peu qu'il a duré, tous les ieunes gentilshommes de son païs.

C'est celui qui, ayant été agacé, quelqu'un des siens enlevé et quelque
bagage pris, entreprit sur Saint-Bertrand, ville au pied des montagues,
pleine des plus mauvais garçons de la contrée, et mesmes desquels les
plus désespérez se mettent souvent avec les bandoliers. Comme un
trompette de l'evesque de Cominge estoit venu de Sainct-Bertrand pour
les rançons de quelques prisonniers, Sus manda à ceux de la ville où il
y avoit lors quelques gentils-hommes de la Cornette de l'évesque, qui
faisoit la guerre, qu'il vouloit le lendemain aller disner avec eux : cet
avertissement ne porta aucun effroi à ces bons compagnons, et mesmes
ces gentils-hommes leur voulant persuader de faire quelque barricade
au derrière de leur porte principale, ou quelque barrière au devant, ils
accusèrent leurs conseillers ne connoistre pas le courage, ou eux-
mesmes d'en estre mal garnis, iurans que si Sus les venoit voir qu'il
n'aprocheroit pas leur muraille sans payer l'hoste. Et de fait, le lendemain, Sus paroissant avec moins d'hommes qu'il n'y en avoit dans la
ville; car il n'avoit que quarante-cinq maistres et six vingt harquebusiers à cheval, ceux de la ville sortent au dehors près de deux cents,
garnyrent toutes les hayes et les petits avantages du dehors, les premiers harquebusiers de Sus ayant mis pied à terre, attaquent une
escarmouche qui, de sa froideur, eschaufa ceux de la ville, soit à sortir
de nouveau, ou à se pousser avant.

Sus, les voyant au poinct qu'il désiroit, fait avancer ces deux pétar-
diers, comme allans à l'escarmouche, puis ayant fait venir au galop sa
cavalerie, en fit donner deux troupes, l'une à gauche, l'autre à droite, le
premier pétardier estant assez prest d'aller iusques à la porte, deux

capitaines avec chacun vingts hommes choisis, prennent les deux costés
du chemin ; quoi voyans les soldats de l'escarmouche voulurent gagner
leur porte ; mais Sus, avec quinze maistres choisis, fait faire place à
son pétardier, le fait iouër à son estrier, et l'ouverture de ce coup seul
estant suffisante, saute à pied avec quelques-uns des siens, monstre le
chemin à ses arquebusiers et emporte la rue et la ville, où il gagna
pour butin principal une licorne estimée quatre vingts mille escus.

(Histoire universelle. III, p. 197.)

4. — Fragment d'enquête relative a la prise de Saint-Bertrand en 1586.

En 1687, à la demande du Chapitre de Comminges, représenté par
Pierre de Ruthie, chanoine et grand archidiacre, les consuls de Saint-
Bertrand procédèrent à une enquête visant les divers pillages de leur
ville au cours du xvie siècle. Un fragment des dépositions reçues en
cette circonstance a été publié par M. Bertrand de Gorce [1] ; il a sa place
tout indiquée dans le présent recueil. Le témoin ici entendu est Mlle de
Cazaux, âgée d'environ cent ans, veuve de Raymond Bonnefoy.

Ont dit et attesté avoir ouï dire à leurs ancestres, même à des
gens qui estoient lors que lad. ville feust prise, qu'il y a environ
cent huit ans que les huguencaux prirent lad. ville, lesquels y
entrèrent par la trahison d'une femme nommée Patarresse,
laquelle donna l'entrée auxdits huguencaux dans lad. ville, par sa
maison qui estoit bastie sur les murailles d'icelle, et qu'après la
délivrance de lad. ville lad. femme feust prise et conduite à
Tholoze, où elle feust condempnée à estre pandue et brullée.

Ayant ouï dire que lad. ville avoit esté prise par deux diverses
foix, et que lune et lautre ils auroient pillé et saccagé non seulement la ville, mais même l'église, et qu'ils en avoient emporté
ce que bon leur auroit semblé et avoient aussy mis le feu dans
lad. église et renversé les autels.

Et lad. dem^{lle} de Cazaux nous a attesté en son particulier avoir
ouy dire à dem^{lle} Bertrande de Cazaux, sa mère, et à Jacques son
père, qui commandoit une partie des habitans dans lad. ville lors
des guerres civilles, pendant lequel temps lad. ville feust prise
par deux diverses foix, que lune d'icelles elle fut délivrée par
trahison auxd. huguenots par lad. Patarresse, un matin, pendant
que messieurs du chapitre chantoient matines.

[1] Voir *Revue de Comminges,* XVIII (1903), p. 239. Le texte original est
conservé au donjon du Capitole, à Toulouse, manuscrit 9038, cinquième
volume des *Documents territoriaux.* p. 1115.

Et que la première foix que les huguenots y entrèrent, ils y restèrent maistres pendant neuf semmaines, et seconde fois pendant sept, pendant lequel temps estans entrés dans l'église ils brulèrent tous les rétables des chapelles qui estoient dorés, mesme le sépulcre de sainct Bertrand qui estoit orné de la figure de douze apostres, ensemble le grand autel qui estoit aussy orné des belles figures, et il paroit encore au grand autel qu'il a été brullé.

Ayant ouï dire qu'ils emportèrent quinze lampes qui estoient devant l'autel du Sainct-Sacrement, trente devant l'autel de Nostre-Dame et une devant chaque chapelle; qu'ils emportèrent aussy cent vingt calices, les croix d'argent et de cristal et autre argenterie qui estoit dans le trésor de lad. église du pois denviron onze quintals; emportèrent aussi grande quantité de pluvieaux[1]; et qu'estans entrés dans les archives dud. chapitre ils firent bruller une grande partie des papiers qui y estoient, emportèrent la teste et autres reliques de s[t] Bertrand qu'ils laissèrent dans la ville de Lectoure, et que le capp[ne] qui comandoit les huguenots s'appelloit Dessus *(de Sus)*, qu'ils feurent mesme à la ville de Valcabrère et brulèrent le couvent et l'église des religieux de l'observance de s[t] François, sur quoi par lesd. consuls auroit esté ordonné.

Vingt quatriesme de sept[bre] mil-six-cent-quatre-vingt-sept.

II.

1593. — 1594.

PRISE ET DÉLIVRANCE DE SAINT-BERTRAND.

Dans le récit suivant, Larcher nous apprend que les deux Larboust entrèrent à Saint-Bertrand en 1593, après adhésion de cette ville et des lieux circonvoisins à Henri de Navarre[2]. Le prétexte de leur établissement était de conserver la place en l'obéissance du roi. En fait ils la traitèrent en pays conquis et s'y firent soutenir l'année suivante par les

[1] Un lapsus typographique a fait imprimer *plumeaux* au lieu de *pluviaux*. (*Rev. de Comminges*, XVIII, p. 240.)

[2] Cf. *Huguenots en Comminges*, 1re série, pp. 267-279.

huguenots de l'Isle-Jourdain, Vic-Fezensac, etc. [1]. Ce fut le comble de la spoliation et de la ruine. Tels sont les événements principaux qui ressortent des deux narrations de Larcher [2]. En les combinant l'une avec l'autre, on s'explique que divers auteurs aient écrit que Saint-Bertrand avait été pris trois fois : en 1586, 1593 et 1594. Durant ces deux dernières années ce fut une razzia, dont le début prétendit prendre une couleur légale et officielle ; à la fin, les pillards de toute étiquette vinrent enlever ce qui pouvait rester dans la malheureuse cité.

1. — Récit de Larcher.

Les deux Larboust entrèrent à Saint-Bertrand après que cette ville eut reconnu Henri de Navarre pour roi de France, à la suite d'une capitulation faite devant Charles de Monluc, représentant en ce moment le maréchal de Matignon (1593).

Les deux frères de Larboust, continue Larcher, en prirent occasion de vexer si fort les chanoines et les habitans, qu'ils furent obligés de s'en plaindre au roi et d'intéresser les agens généraux du clergé de France dans leur querelle.

Ils représentèrent tous ensemble, chacun comme le fait pouvoit le concerner, qu'au commencement de l'année 1593 la ville de Saint-Bertrand et les lieux circonvoisins se déclarèrent pour Henri IV et se mirent sous sa protection et sauvegarde. Ils s'étoient flattés d'être en paix après l'accord qu'ils avoient fait avec Monluc, en l'absence du maréchal de Matignon. Ils avoient dans cette vue fait cesser les gardes et les sentinelles et licentié ceux qui auroient pu les deffendre. Cependant environ un an après, les deux frères de Larboust, accompagnés d'environ trois ou quatre cents huguenots ou croquans entrèrent de nuit par un trou de muraille et commirent dans la ville plusieurs actes d'hostilité, extorquèrent mil écus du Chapitre et enlevèrent d'autres sommes à différens particuliers. Ils emportèrent entre autres des archives et reliquaire de l'église, une extrêmement belle alicorne de prix inestimable, soigneusement conservée pour joyau prétieux. Ces seigneurs égarèrent ou engagèrent ce rare bijou. Le vicomte prétendant avoir obtenu du Roi la commission de capitaine de Saint-Bertrand, mit garnison dans la ville. Ses soldats n'étant

---

[1] Voir *Huguenots en Comminges.* 1re série, p. 369.

[2] Voir *Ibid.,* pp. 366 et suivantes.

point payés, enlevoient aux habitans tout ce qu'ils pouvoient, ce qui en avoit forcé plusieurs d'abandonner leurs maisons. Le seigneur de Luscan prétendoit aussi de son côté avoir été pourvu par le Roi de la capitainerie ou gouvernement de la ville de Saint-Bertrand, et par la capitulation faite avec le seigneur de Monluc. Les Larboust l'avoient chassé de sa maison et, pour s'en vanger, il chassa au mois d'août suivant tous ces soldats et rendit la tranquillité aux habitans. Le Roi étoit suplié d'apaiser les troubles pour le commandement et d'empêcher que les seigneurs de Larboust n'emportassent les fruits décimaux apartenans à l'évêque, au Chapitre et au clergé.

Par acte d'engagement fait par le Chapitre de Comenge d'un moulin sur la rivière de Garonne, le 29 décembre 1594, pour mil écus que lui prêta noble François de Saint-Paul, seigneur de Vidaussan, gouverneur de Calais et des païs reconquis, représenté par Géraud de Saint-Paul, son frère, abbé de Licques, en Boulonois, il fut dit que le 20ᵉ de novembre précédent une troupe d'hérétiques de l'Isle-en-Jourdain et de Vic-Fezensac ou des environs s'emparèrent, par forme d'hostilité, de la ville et cité de Saint-Bertrand, et y restèrent environ vingt-deux jours ; ils réduisirent les habitans à une si grande extrémité que, s'ils y eussent séjourné huit jours davantage, la cité auroit été totalement ruinée. Les chanoines mirent tout en œuvre pour faire sortir ces hérétiques, qui les empêchoient de faire le service divin avec la décence requise ; ils convinrent avec leurs chefs de leur donner mil écus sol, que le seigneur de Vidaussan leur prêta.

Dans un autre endroit Larcher ajoute : « La ville fut encore prise au mois de novembre 1594 et les huguenots y restèrent durant sept semaines, et mirent le feu, en passant, au couvent des Cordeliers de Valcabrère. Ce fut alors qu'ils firent le plus grand ravage. — Par lettres patentes de 1651, le Chapitre de Comenge fut déchargé de la représentation de ses titres et admis à prouver par la seule possession immémoriale [1].

[1] Dans un document, non daté, intitulé : *Mémoires pour Monsieur le scindic du Chappitre de Saint-Bertrand de Comenge qu'il faudra exécuter incesssamment,* on lit : « M. l'abbé de Saler étant à Saint-Bertrand, se dourra, s'il luy plaît, le soin de faire faire une attestatoire en forme de notoriétté dans laquelle il sera attesté par nombre des habitans des plus vieux, comme ilz ont ouï dire à leurs

« Le 24 septembre 1687, Pierre de Ruthie, grand archidiacre, abbé de Saint-Engrâce, fit faire un acte de notoriété sur la déposition d'onze témoins, devant les consuls, comme juges ordinaires ès causes civiles et criminelles pour le seigneur [1] ».

2. — Don de mille écus aux Huguenots par le Chapitre de Saint-Bertrand.

Comme soit ainsin que dès le vingtiesme jour du mois de · novembre mil cinq cens quatre vingt quatorze, certaine trouppe d'héréticques des quartiers de l'Isle-en-Jourdain et Vic-Fesensac eussent envahie et surprinse par forme d'hostilitté la ville et cité de Sainct-Bertrand de Commenge et illec résidé vingt deux jours et davantage, l'aïant presque ruinée et réduitte à telle extrémitté et misère que si lesd. héréticques y eussent séiourné huit jours davantaige, l'entière ruine de lad. cité s'ensuivoit; quoy prévoïans Messieurs Arnauld Cujeulx, Ramond Armentieu, Bertrand Gémit et Jean Palatz, chanoines et archidiacres de lad. cité, Jacques Coadau, chanoine et secrestain, Jehan Dufaur, chanoine et présenteur, Ramond Bouffartigue et Pierre Gramond, Bertrand de Sartor, Gratian Dabadie, Michel Cazaulx et Dominicque Laccarou, aussi chanoines en lad. esglise, et Estienne Dupuy, scindic des prébendiers d'icelle, illec assemblés et représentans le corps général du Chappitre de lad. esglise en absence des aultres, désirans fère sortir lesd. héréticques de lad. cité comme contraires à leur relligion, et pour que le service divin peut estre bien et dignement faict en lad. esglise, auroient advisé entre eulx de donner à leurs chefz mil escuz de soixante soubz pièce, pour laquelle somme treuver auroient esté constrainctz à la vente d'un molin que lesd. s^{rs} chanoines ont basty et construict sur la rivière de Garonne, et d'une pièce de champ y joignant, et la comoditté c'estant offerte pour la rédemption de lad. captivitté.

ayeul ou pères que l'esglise de Saint-Bertrand a esté pillée deux ou trois dernières fois lors des guerres civiles ou de ceux de la relligion prétendue refformée. Il pourra mesme aussy estre attesté par les mesmes habitans que les archifves dud. Chapitre ont esté aussi pillées et brullées, que mesme Messieurs du Chapitre s'en sont plains et s'en plaignent tous les jours ». (Arch. de la Haute-Garonne, fonds du Chapitre de Saint-Bertrand.)

[1] *Remarques sur l'église de Comenge*, p. 258. (*Cartulaire* de Larcher.)

Ce jourd'huy vingt neufviesme dud. mois de décembre au susdict mil cinq cens nonaute quatre... dans la cité et septre de lad. église out esté personnellement establis lesd. s^rs chanoines, etc... lesquels... font vente... à noble François de Sainct-Paul, gouverneur pour le roy en sa ville de Calès et païs reconquis, seigneur de Vidaussan et aultres lieux, absent; mais messire Gérauld de Sainct Paul, abbé de Licques, son frère, pour luy... stipulant, etc... [Suit la vente du moulin et du champ pour la somme de 866 écus.]

Acte retenu par Étienne Durrieu, notaire à Saint-Bertraud, en résidence à Valcabrère.

(Arch. de la Haute-Garonne, Fonds de Saint-Bertrand.)

III.

1578. — 1618.

ALIÉNATION DU TEMPOREL DU CHAPITRE DE SAINT-BERTRAND, A L'OCCASION DES GUERRES DE RELIGION[1].

Le 28 novembre 1578, le Chapitre de Saint-Bertrand vendit, avec faculté de rachat, à feu noble Sébastien de Sassère, sergent majeur des vieilles bandes françaises à pied, les fruits décimaux de Marignac, Gaut et Géry, pour le prix de 607 écus. Cette somme avait été avancée par S. de Sassère au Chapitre pour l'aider à payer les 50.000 écus, montant de la taxe levée par le roi en vertu de la bulle pontificale du 24 novembre 1568. Ces sommes étaient nécessaires « pour subvenir aux frais et grosses despences que sa Majesté estoit constraint fère pour l'entretènement des gens de guerre, contre ceux de la R. P. R. et perturbateurs du repos public en son royaume, et conformément au despartement qui en auroit esté jadis faict par MM. les cardinaux de Lorraine et de Bourbon, délégués par S. S. sur l'aliénation du temporel ».

Afin de pouvoir payer leur taxe, les chanoines avaient vendu « voire mesme jusques à leurs joyeaulx et relicaires ».

Furent également vendus, dans le même but, les fruits décimaux de Hibernos. — Le 20 décembre 1591, les chanoines vendirent les dîmes de Salles, Antignac et Gouaux à nobles Guillaume et Jean Dupuy, père et fils, de Marignac, pour 2.500 liv., employées à l'aliénation du temporel et pour frais à eux causés « pour n'avoir peu payer à temps [ces

---

[1] Sur ce point d'histoire qui devrait tenter la curiosité de quelque patient chercheur, cf. notre *Curieux groupe d'évêques commingeois*, p. 121.

taxes] à cause de la prinse de la ville de Saint-Bertrand et sacagement de lad. esglise catholique fait par ceux de lad. religion prétendue reformée en l'année 1586 ; que aussi pour subvenir aux frais de la garnison et achapt d'armes nécessaires pour la conservation de lad. ville soubs l'obéyssance de sa Majesté ».

Les paiements des sommes promises par Sassère et par son héritier et neveu noble Barthélemy de Sassère, se succèdent dans les années 1591, 1599, 1607, etc., jusqu'à concurrence de 9.349 liv. — Acte ratifié le 16 juin 1618 par Roger d'Ustou, grand archidiacre, Bertrand de Gemito, archidiacre de Rivière, Arnaud Bofartigue, sacristain, Raymond-Jean Estivayre, ouvrier, Jean Dufaur, précenteur, Michel Cazaux, Jean Boffartigue, sindic, Arnaud Ducassé et Ramond Pujol, chanoines. — Le 5 juillet 1618, acte ratifié par Pierre de Behéty, archidiacre de Bourjac, et François de Binos d'Arros, archidiacre d'Aran.

(Archives de la Haute-Garonne : Chapitre de Saint-Bertrand.)

FIN.

TABLE CHRONOLOGIQUE DES MATIÈRES.

XIX.

XX.

XXI.

XXII.

XXIII.

XXIV.

XXV.

XXVI.

XXVII.

XXVIII.

LXV.

LXVI.

LXVII.

LXVIII.

APPENDICE.

LES HUGUENOTS A SAINT-BERTRAND.

I.

II.

III.

TABLE ANALYTIQUE DES MATIÈRES.

F

H

I

J

M

N

O

Och (A.), consul de Gensac, 113.

Odars. Passage du capitaine Riolas en ce lieu, 1568, 96.

Orbessan (Le capitaine R.), à Lilhac, Montbernard et l'Isle-en-Dodon, 155, 159.

Orbessan (Le capitaine G. d'), à Lilhac, 188.

Orbessan (J. d'), seigneur du Puy-de-Touges, adresse une requête aux États, 1562, 32. — Adhère à l'association formée contre les pillards, 1584, 125.

Orléans, 108.

Ornesan (J. d'), femme du baron de Biron, 1578, 231.

Ossun (H. d'), évêque de Saint-Lizier, chargé de rechercher dans cette ville les hommes propres au service du roi, 10. — Cité, 23, 24, 25, 183. — Sa compagnie à Goutevernisse, 28. — A Montberault, 32. — Dans les vallées d'Oueil, de Luchon et de Layrisse, 98. — Il fait protéger Contrazy contre les huguenots du Carla et du Mas-d'Azil, 109. — Veut empêcher le passage de Mongon-méry, 145. — Et délivrer les Bordes, lieu pris par les huguenots, 182. — Témoignage que lui rendent les États dans une lettre à Ant. de Gramont, 1573, 195. — Date de sa mort, 219.

Oueil (Vallée d') et la compagnie de Barbazan, 97, 98.

P

Pagan (Le capitaine), à Montpezat, 1568, 96.

Pailhac (Le capitaine), à Montbernard et à Cuguron, 155, 159.

Palaminy. Rupture du pont sur la Garonne, 1568, 113.

Palatz (J.), chanoine de Saint-Bertrand, 304.

Pamiers, 24.

Panassac (J.-M. d'Espaigne, sieur de), gouverneur de Muret, 1568, 100-105, et 1579, 162. — Cité, 119.

Panebœuf (A.), 8.

Paras (A.), soldat de Muret, 116.

Pardiac, 97, 154, 167.

Paris, 54.

Parlement de Toulouse, charge O. de Benque d'une levée de gens d'armes, 1562, 17. — Envoie un avertissement à la noblesse et aux sindics de Comminges, 19, 20. — Écrit aux États, 21. — Fait venir des compagnies à Toulouse, 1567, 45. — Ordonne l'entretien de la garnison de Muret, 47. — Envoie le vicomte de Larboust dans le comté de Carmaing, 1568, 95, et le capitaine Riolas à Auzielle, Odars, Escalquens et Saint-Orens de Gameville, 96. — Il ordonne la rupture des ponts sur la Garonne, 110. — Enjoint au capitaine Bardachin de faire enfoncer les passages sur ce fleuve, 1570, 166. — Donne un arrêt pour réparer les fortifications de Muret, 1573, 200. — Cité, 255, 274, 284, 294, etc.

Pataresse (La femme) et la prise de Saint-Bertrand, 1586, 300.

Pau, 235.

Paulhac (M. de), colonel de l'infanterie en Guyenne, 1570, 168.

Payssous et la compagnie de Gramont, 1570, 178.

Pechdaniel, 238, 239.

Péguilhan (B. de Comenge, baron de), chargé du dénombrement des catholiques dans la châtellenie d'Aurignac, 1568, 91. — Cité, 174, 199. — Délégué vers Fontenilhes, 1570, 175. — Plaintes contre son fils, 1583, 247.

Péguilhan (A. de Comenge, sieur de), 1589, 273, 277.

Péguilhan, 82.

Pérès (A.), consul de Montoussin, 88.

Périgord (Pays de), 249.

S

T